PONS

Grammatik kurz & bündig
ARABISCH

von
Ines Balcik

PONS GmbH
Stuttgart

PONS

Grammatik kurz & bündig
ARABISCH

von
Ines Balcik

Auflage A1 4 3 2 1 / 2015 2014 2013 2012

PONS Produktinfos und Shop: www.pons.de
E-Mail: info@pons.de
Onlinewörterbuch: www.pons.eu

Redaktion: Lamma Altakleh
Logoentwurf: Erwin Poell, Heidelberg
Logoüberarbeitung: Sabine Redlin, Ludwigsburg
Titelfoto: Vlado Golub, Stuttgart
Einbandgestaltung: Tanja Haller, Petra Schnur, Stuttgart
Layout: Ulrike Eisenbraun, Metzingen
Satz: Satzkasten, Stuttgart
Druck und Bindung: Print Consult GmbH, München

Printed in Slovakia.
ISBN: 978-3-12-561439-0

Inhalt

So benutzen Sie dieses Buch:

Sie wollen die Regeln der arabischen Sprache auf einfache Weise erlernen oder wiederholen. Bei speziellen Fragen möchten Sie aber auch schnell und gezielt nachschlagen können.

Die **PONS Grammatik Arabisch kurz & bündig** wird Ihnen dabei helfen, denn sie bietet Ihnen eine **übersichtliche Darstellung** der aktuellen arabischen Hochsprache. Die Regeln werden anhand **zahlreicher arabischer Beispielsätze** mit deutschen Übersetzungen veranschaulicht.

Im ersten Kapitel erfahren Sie Näheres über das arabische Alphabet und über die Regeln zu Schrift und Aussprache. Zum leichteren Lesen sind alle arabischen Beispielwörter und -sätze in diesem Buch auch in Umschrift wiedergegeben.
In den weiteren Kapiteln erhalten Sie einen Überblick über die Grundlagen der arabischen Wort- und Satzlehre.

Bei der Arbeit mit dieser Grammatik helfen Ihnen folgende Symbole:

! Hier wird eine **Regel** formuliert oder auf **Besonderheiten** aufmerksam gemacht, die Sie nicht übersehen sollten.

Lerntipps verraten Ihnen an dieser Stelle, wie Sie sich die Regeln besser merken können.

▶ Hier wird auf andere Grammatikkapitel verwiesen.

Hier finden Sie Varianten aus den Dialekten der verschiedenen arabischsprachigen Länder.

Wenn Sie etwas gezielt nachschlagen möchten, führt Sie das ausführliche **Stichwortregister** im Anhang schnell zur richtigen Stelle. So wird die **PONS Grammatik** zu Ihrem wertvollen Begleiter beim Erlernen der arabischen Sprache.

Viel Spaß und Erfolg!

1 Das Alphabet
حُرُوف الأَبْجَدِيَّة

Die arabische Sprache wird auf der Arabischen Halbinsel, im Nahen und Mittleren Osten und in Nordafrika gesprochen. Die gesprochene Sprache, al-ʿāmiyya العَامِيَّة, zerfällt in zahlreiche regionale Dialekte, die sich untereinander in der Aussprache und im Alltagswortschatz unterscheiden.

Offizielle Schriftsprache in allen arabischsprachigen Ländern ist das moderne Hocharabisch, al-fuṣḥā الفُصْحَى, das als Verkehrssprache dient. Als Standardsprache wird es in allen arabischsprachigen Ländern verstanden und in Medien und Literatur verwendet.

Das moderne Hocharabisch basiert auf dem klassischen Arabisch, von dem es sich nur in lexikalischen und stilistischen Feinheiten unterscheidet. Beim gesprochenen Hocharabisch wird häufig auf Grammatikendungen verzichtet.

Arabisch gehört zu den semitischen Sprachen, alle Wörter lassen sich aus einem Wortstamm ableiten, der aus wenigen Wurzelkonsonanten besteht. Die arabische Schrift ist eine Konsonantenschrift und wird von rechts nach links geschrieben. Das arabische Alphabet umfasst 28 Buchstaben, zusätzlich gibt es einige spezielle Hilfszeichen, die das Lesen der arabischen Schrift erleichtern.

Nach den Regeln der arabischen Grammatik werden im Wortauslaut Grammatikendungen mit Kurzvokalen nur vor Sprechpausen nicht gesprochen. Im heutigen gesprochenen Hocharabisch werden jedoch generell nur noch die so genannten Pausalformen verwendet, bei denen die Grammatikendungen mit Kurzvokal entfallen. Diese Endungen werden in der geschriebenen Sprache nur in vokalisierten Texten sichtbar, also in Texten, die mit Hilfszeichen versehen werden. Diese Grammatik stellt in der lateinischen Umschrift die Kontextformen mit den Grammatikendungen dar.

1.1 Die arabische Schrift

Alphabet und Aussprache

Buchstabe	Name	arabischer Name	Umschrift	Lautwert	Aussprache
ا	'alif	أَلِف	ā	[ɑː]	langes, offenes *a* wie in K**ah**n
ب	bā'	باء	b	[b]	wie in **B**ohne
ت	tā'	تاء	t	[t]	wie in **T**eller
ث	thā	ثاء	th	[θ]	wie stimmloses engl. *th* in **th**ing
ج	djīm	جيم	dj	[ʤ]	wie in engl. **j**ob
ح	ḥā'	حاء	ḥ	[ħ]	stimmloser Reibelaut, im Hals gesprochen, tiefer als dt. *ch*

خ	chā'	خاء	ch	[χ]	wie stimmloses dt. *ch* in Ba**ch**
د	dāl	دال	d	[d]	wie in **D**orf
ذ	dhāl	ذال	dh	[ð]	wie stimmhaftes englisches *th* in **th**is
ر	rā'	راء	r	[r]	gerolltes Zungenspitzen-r
ز	zāj	زاي	z	[z]	weiches, stimmhaftes *s* wie in le**s**en
س	sīn	سين	s	[s]	stimmloses *s* wie in Rei**s**, rei**ß**en
ش	schīn	شين	sch	[ʃ]	wie in **sch**ön
ص	ṣād	صاد	ṣ	[sˤ]	emphatisches, velarisiertes *s* durch Pressen der Zunge an den Gaumen
ض	ḍād	ضاد	ḍ	[dˤ]	emphatisches, velarisiertes *d* durch Pressen der Zunge an den vorderen Gaumen
ط	ṭā'	طاء	ṭ	[tˤ]	emphatisches, velarisiertes *t* durch Pressen der Zunge an den Gaumen
ظ	ẓā'	ظاء	ẓ	[zˤ]	emphatisches, velarisiertes *dh* durch Pressen der Zungenspitze an den vorderen Gaumen
ع	ʿain	عين	ʿ	[ʕ]	stimmhafte Entsprechung von ḥ ح, wie ein aus der Kehle hervorgepresstes *a*
غ	ġain	غين	ġ	[ɣ]	ungerolltes Zäpfchen-r wie in wa**r**en
ف	fā'	فاء	f	[f]	wie in **f**allen
ق	qāf	قاف	q	[q]	stimmloser Verschlusslaut, im Hals gesprochen, tiefer als dt. *k*
ك	kāf	كاف	k	[k]	wie in **K**ahn
ل	lām	لام	l	[l]	wie in **L**uft
م	mīm	ميم	m	[m]	wie in **M**ut
ن	nūn	نون	n	[n]	wie in **N**ase
ه	hā	هاء	h	[h]	wie in **H**alle
و	wāw	واو	ū, w	[uː], [w]	wie in H**u**hn bzw. wie in engl. **w**in
ي	jā'	ياء	ī, y	[iː], [j]	wie in M**ie**te bzw.wie in **j**eder

Bei der Aussprache der Buchstaben gibt es viele regionale Abweichungen. Im ägyptischen Dialekt zum Beispiel wird djīm ج ausgesprochen wie g in **G**arten, der Buchstabe qāf ق dagegen wie hamza ء.

Im Arabischen gibt es keine Groß- und Kleinschreibung. Da Arabisch als Kursivschrift geschrieben wird, gibt es auch keinen Unterschied zwischen Schreib- und Druckschrift. Die Buchstaben werden bis auf wenige Ausnahmen untereinander verbunden. Die einzelnen Buchstaben innerhalb eines Wortes verändern je nach ihrer Position im Wort ihr Aussehen.

Sechs Buchstaben können nur mit einem vorangehenden Buchstaben verbunden werden, nicht aber mit einem nachfolgenden. Dies gilt für die Buchstaben ū/w ـو, z ـز, r ـر, dh ـذ, d ـد, ā ـا.

1.2 Vokale

Die arabische Hochsprache kennt nur 3 Vokale: *a*, *i* und *u*.

In einigen Dialekten werden fünf Vokale gesprochen, zusätzlich zu den klassischen Vokalen auch *e* und *o*.

Lange Vokale حُرُوفُ الْعِلَّة

Als eigene Buchstaben geschrieben werden nur die langen Vokale ā ا, ū و und ī ي. و und ي sind Halbvokale, sie können je nach Position und Wortzusammenhang auch Konsonanten bezeichnen.

Da arabische Silben nicht mit einem Vokal beginnen können, bezeichnen و als w und ي als y am Wortanfang immer Konsonanten.

▶ Besonderheiten des Alif. Steht ا am Wortanfang, so wird es zum Träger des konsonantischen Hilfszeichens hamza ء. Außerdem gibt es bei ا weitere Besonderheiten zu beachten.

و und ي

Buchstabe	als langer Vokal im Wortinnern oder am Wortende			als Konsonant am Wortanfang oder im Wortinnern		
و		ū			w	
	(„n")	nūn	نُون	Minister	wazīrun	وَزِيرٌ
	er ruft auf	yadʿū	يَدْعُو	Tag	yawmun	يَوْمٌ
ي		ī			y	
	Minister	wazīrun	وَزِيرٌ	Tag	yawmun	يَوْمٌ
	deutsch	almānīyun	أَلْمَانِيٌّ	Haus	baytun	بَيْتٌ

Kurze Vokale اَلْحَرَكَات

Für die kurzen Vokale a, i und u gibt es keine eigenen Buchstaben. Sie können aber durch Hilfszeichen kenntlich gemacht werden. Die drei Vokalzeichen fatḥa فَتْحَة für a, kasra كَسْرَة für i und ḍamma ضَمَّة für u werden durch kleine Striche dargestellt, die auf (fatḥa und ḍamma) bzw. unter (kasra) jeden Buchstaben des arabischen Alphabets gesetzt werden können.

Vokalzeichen

Zeichen	Name		Beispiel		
ـَ	fatḥa	فَتْحَة	Tür	bābun	بَابٌ
ـِ	kasra	كَسْرَة	in	fī	فِي
ـُ	ḍamma	ضَمَّة	Liebe	ḥubbun	حُبٌّ

Besonderheiten des Alif

In seiner Grundform bezeichnet der Buchstabe ا als 'alif ṭawīla أَلِف طَوِيلَة den langen Vokal ā. Das gilt für das Wortinnere und das Wortende:

Tür	bābun	بَابٌ
dieser	hādhā	هَذَا

! Am Wortende wird langes ā in einigen Fällen auch als ى geschrieben, also wie ein ي ohne Punkte. Diese Form des Alif wird 'alif maqṣūra أَلِف مَقْصُورَة genannt:

(die) größte	kubrā	كُبْرَى
auf	ʿalā	عَلَى
nach/zu	'ilā	إِلَى

▶ ا kann zum Träger des konsonantischen Hilfszeichens hamza ء werden. Wenn hamza ء dabei über ا steht, bezeichnet es den kurzen Vokal a:

Alif	'alif	أَلِف
Kopf	ra'sun	رَأْسٌ
lesen	qara'a	قَرَأَ

Soll ein mit hamza ء versehenes Alif lang zu ā werden, so wird das Hilfszeichen madda مَدَّة verwendet. Madda bedeutet Verlängerung und wird als waagrechter Strich über ا dargestellt: آ.
Das Zeichen hamza ء entfällt in diesem Fall und wird durch madda مَدَّة ersetzt. Madda kann auch im Wortinnern vorkommen:

Hoffnungen	'āmālun	آمَالٌ
jetzt	'al-'ān	الآنَ
Koran	qur'ānun	قُرْآنٌ

Folgt der lange Vokal ا auf den Buchstaben ل, so wird ا mit ل im Schriftbild verbunden zu lām 'alif لَام أَلِف:

nein	lā	لا
Länder	bilādun	بِلَادٌ

In einigen Fällen wird das lange ā im Schriftbild nicht mit ا wiedergegeben und dennoch als langer Vokal ausgesprochen. Dieses 'alif qaṣīra أَلِف قَصِيرَة kann durch ein kleines Alif über dem vorangehenden Buchstaben dargestellt werden, was aber meist nur bei dem Wort Allah geschieht:

Allah	'allāh	الله

In anderen Wörtern wird 'alif qaṣīra أَلِف قَصِيرَة in der Regel nicht sichtbar:

aber	lākin	لَكِنْ
dieser	hādhā	هَذَا
jener	dhālika	ذَلِكَ

Umgekehrt gibt es auch Fälle, in denen ein ا geschrieben, nicht aber ausgesprochen wird. Dies gilt für im Perfekt konjugierte Verben der 3. Person maskulin Plural. Das geschriebene ا entfällt, sobald ein Pronomen an das Verb angefügt wird:

sie haben geschrieben	katabū	كَتَبُوا
sie haben es geschrieben	katabūhu	كَتَبُوهُ
sie haben geschlagen	ḍarabū	ضَرَبُوا
sie haben ihn geschlagen	ḍarabūhu	ضَرَبُوهُ

1.3 Konsonanten

Neben den Vokalzeichen fatḥa فَتْحَة für a, kasra كَسْرَة für i und ḍamma ضَمَّة für u gibt es weitere Hilfszeichen, die die Lesbarkeit arabischer Texte erleichtern können. Ebenso wie die Vokalzeichen werden auch diese Hilfszeichen nur in Ausnahmefällen verwendet.

Durchgängig mit Hilfszeichen versehen ist nur der Koran. Lehrbücher greifen mitunter auf die diakritischen Zeichen zurück, um das Lesen zu vereinfachen und Missverständnisse auszuschließen.

Alltagstexte in Medien und Büchern werden in der Regel nicht oder nur ausnahmsweise mit Hilfszeichen versehen.

Grundsätzlich spricht man vom Vokalisieren, wenn arabische Texte mit Hilfszeichen versehen werden, obwohl es diakritische Zeichen nicht nur für kurze Vokale gibt.

Konsonantische Hilfszeichen

Die Hilfszeichen sukūn سُكُون und schadda شَدَّة werden über Konsonanten gesetzt. Sukūn bedeutet „Stille“. Das Zeichen ähnelt einer kleinen Null: ـْ. Es drückt aus, dass auf einen Konsonanten kein kurzer Vokal folgt.
Soll ein Konsonant verdoppelt werden, so wird dies durch schadda ausgedrückt. Das Zeichen ähnelt einem kleinen w: ـّ. Der Konsonant, über dem es sitzt, wird verlängert ausgesprochen, aber nur einmal geschrieben.

sukūn und schadda

Zeichen	Name		Beispiel		
ـْ	sukūn	سُكُون	Osten	maschriqun	مَشْرِقٌ
ـّ	schadda	شَدَّة	Liebe	ḥubbun	حُبٌّ

Im Arabischen gibt es keinen unbestimmten Artikel. Um Substantive oder Adjektive als unbestimmt zu kennzeichnen, wird das Vokalzeichen im Auslaut eines Worts verdoppelt. Da das Wort dann auf n ن endet, wird dieser Vorgang auch tanwīn تَنْوِين oder Nunation genannt. Ob der Wortauslaut -an, -in oder -un lautet, hängt vom Kasus ab.

▶ Kap. 3.4 Deklination

tanwīn

Zeichen	Aussprache	Kasus	Beispiel		
ـً	-an	Akkusativ	einen Mann	radjulan	رَجُلًا
ـٍ	-in	Genitiv	eines Mannes	radjulin	رَجُلٍ
ـٌ	-un	Nominativ	ein Mann	radjulun	رَجُلٌ

Die Nunationsendungen werden in der gesprochenen Sprache meist weggelassen:

ein Mann radjul(un) رَجُلٌ

Hamza

Ein weiteres wichtiges Hilfszeichen der arabischen Schrift ist hamza ء. Es bezeichnet den Konsonanten, der als Verschlusslaut, Stimmabsatz oder Glottal Stop bekannt ist. Dieser Laut wird im Deutschen automatisch gesprochen, wenn eine Silbe mit einem Vokal beginnt: '**a**nkommen, be'**a**chten. Der Laut wird im Deutschen nicht geschrieben.

Im Arabischen muss jede Silbe mit einem Konsonanten beginnen, ein langer Vokal kann nicht am Wortanfang oder am Anfang einer Silbe stehen. Deshalb wird hamza ء den Buchstaben für die langen Vokale ā ا, ū و und ī ي hinzugefügt.

In Verbindung mit hamza ء sind die langen Vokale nur Träger des Konsonantenzeichens. Sie werden als lange Vokale geschrieben, aber kurz gesprochen!

Am Wortanfang ist immer ا 'alif Hamzaträger. Wird ا von fatḥa oder ḍamma begleitetet, steht hamza ء über ا. Wird 'alif von kasra begleitet, steht hamza ء unter ا.

ich	'anā	أَنَا
deine Mutter	'ummuka	أُمُّكَ
Italien	'iṭāliyā	إِيطَالِيَا

Im Wortinnern hängt die Schreibweise davon ab, ob hamza ء von fatḥa, kasra oder ḍamma begleitet wird bzw. davon, welcher der drei kurzen Vokale vor hamza ء steht.

Im Wortinnern haben der kurze Vokal i bzw. kasra ـِ und der lange Vokal ī ي Vorrang als Träger des hamza ء. ي wird im Wortinnern zum Träger des hamza ء, wenn es von kasra ـِ begleitet wird oder ihm kasra ـِ vorausgeht.

ي als Träger des ء wird immer ohne Punkte geschrieben:

einhundert	mi'atun	مِئَةٌ
Stellvertreter	nā'ibun	نَائِبٌ
Umwelt	bī'atun	بِيئَةٌ

Gibt es in der Umgebung des hamza kein kurzes oder langes i, so werden der kurze Vokal u bzw. ḍamma ـُ und der lange Vokal ū و zum Träger des hamza ء. و wird im Wortinnern zum Träger des hamza ء, wenn es von ḍamma ـُ begleitet wird oder ihm ḍamma ـُ vorausgeht:

weiblich	mu'annathun	مُؤَنَّثٌ
Erzieher	mu'addibun	مُؤَدِّبٌ
Schriftsteller	mu'allifun	مُؤَلِّفٌ

Gibt es in der Umgebung des hamza ء weder i noch u, so werden der kurze Vokal a bzw. fatḥa ـَ und der lange Vokal ā ا zum Träger des hamza ء.

ا wird im Wortinnern zum Träger des hamza ء, wenn es von fatḥa َ begleitet wird oder ihm fatḥa َ vorausgeht:

fragen	sa'ala	سَأَلَ
er hat sich verspätet	ta'achchara	تَأَخَّرَ
nachdenkend	muta'ammilun	مُتَأَمِّلٌ

! Folgt hamza ء, begleitet von von fatḥa َ, in der Wortmitte auf den langen Vokal 'alif ا oder den langen Vokal wāw و, so steht es allein und ohne Trägerbuchstaben auf der Zeile:

wir wundern uns	natasā'ālu	نَتَسَاءَلُ
Tugend, Ehrgefühl	murū'atun	مُرُوءَةٌ

Folgt hamza ء am Wortende auf die langen Vokale 'alif ا oder wāw و oder auf einen Konsonanten mit sukūn ْ, steht es allein auf der Zeile:

Strafe	djazā'un	جَزَاءٌ
Asyl	ludjū'un	لُجُوءٌ
Teil	djuz'un	جُزْءٌ

! Im Arabischen kann ein Wort nicht mit einem Vokal beginnen, aber auch nicht mit mehr als einem Konsonanten.

Um eine Konsonantenhäufung am Wortanfang aufzubrechen, wird das hamza der Verbindung oder hamzat al-waṣl هَمزَةُ الْوَصْل benutzt:

schreib! 'uktub اُكْتُبْ!

Geht ein auf einen Vokal endendes Wort voraus, wird kein hamza ء gesprochen, beide Wörter werden in der Aussprache verbunden. Die Schreibweise mit ا am Wortanfang ändert sich jedoch nicht.

hamzat al-waṣl

hamza nicht ausgesprochen		hamza ausgesprochen	
hamza der Verbindung hamzatu-l-waṣli	هَمزَةُ الْوَصْلِ	die Verbindung 'al-waṣlu	اَلْوَصْلُ
im Haus fi-l-bayti	في الْبَيْتِ	das Haus 'al-baytu	اَلْبَيْتُ
Wie heißt du? ma-smuka?	مَا اسْمُكَ؟	Name 'ismun	اِسْمٌ
er und seine Frau huwa wa-mra'atuhu	هُوَ وَامْرَأَتُهُ	Frau 'imra'atun	اِمْرَأَةٌ

▶ Kap. 2 Artikel. Hamzat al-waṣl kommt vor allem beim bestimmten Artikel vor.

Wurzelkonsonanten und Wortbildung

Arabische Wörter beruhen in der Regel auf einem Wortstamm aus drei Wurzelkonsonanten. Diese Wurzelkonsonanten der Wortstämme sind grundlegende Bedeutungsträger. Wortstämme aus Wurzelkonsonanten sind ein typisches Merkmal der semitischen Sprachen.

Durch Hinzufügen weiterer Konsonanten, Vokale oder bestimmter Silben zum Wortstamm entstehen Wörter mit erweiterter oder neuer Bedeutung. Die Wortbildung erfolgt in der Regel nach einem bestimmten Muster, das Wortart und Grammatikeigenschaften bestimmt.
In arabischen Grammatiken wird die Wurzel „machen" faʿala فَعَلَ verwendet, um die verschiedenen Arten der Wortbildung darzustellen.

Die Bestimmung der Wurzelkonsonanten ist wichtig, um arabische Wörterbücher benutzen zu können, denn diese sind in der Regel alphabetisch nach Wurzeln angeordnet. Die Grundreihenfolge der Wurzelkonsonanten in einem Wort bleibt immer unverändert.

Die folgenden Beispiele sind im Wörterbuch also alle unter d-r-s درس bzw. unter k-t-b كتب angeordnet:

	d-r-s	درس		k-t-b	كتب
lernen	darasa	دَرَسَ	schreiben	kataba	كَتَبَ
Unterricht	darsun	دَرْسٌ	Bücher	kutubun	كُتُبٌ
Studium	dirāsatun	دِرَاسَةٌ	Buch	kitābun	كِتَابٌ
Schule	madrasatun	مَدْرَسَةٌ	Schreiber	kātibun	كَاتِبٌ
Dozent	mudarrisun	مُدَرِّسٌ	Bibliothek	maktabatun	مَكْتَبَةٌ
			geschrieben, Brief	maktūbun	مَكْتُوبٌ

Selten gibt es auch Wurzeln mit vier Wurzelkonsonanten , zum Beispiel:

t-r-dj-m ترجم Übersetzung tardjamatun تَرْجَمَةٌ

1.4 Silben und Betonung

In der arabischen Sprache gibt es kurze, lange und überlange Silben. Von der Silbenlänge hängt ab, wie ein Wort betont wird.
▶ Kap. 1.3 Hamza. Arabische Silben beginnen immer mit einem Konsonanten.

Silben

kurze, schwache Silben		lange, starke Silben				überlange Silben am Wortende	
Konsonant + kurzer Vokal		Konsonant + langer Vokal		Konsonant + kurzer Vokal + Konsonant		Konsonant + langer Vokal + Konsonant	
bu	بُ	bū	بُو	lum	لُمْ	nūn	نُونْ
bi	بِ	bī	بِي	rib	رِبْ	tīn	تِينْ
ba	بَ	bā	بَا	tab	تَبْ	bāb	بَابْ
Land bi-lā-dun	بِلَادٌ	Land bi-lā-dun	بِلَادٌ	sie (f.) schreiben yak-tub-na	يَكْتُبْنَ	Tür bāb	بَابْ

! Überlange Silben kommen nur in der gesprochenen Sprache am Wortende vor, wenn die Grammatikendungen weggelassen werden. Das zweisilbige Wort „Tür" bābun بَابٌ wird ohne Grammatikendung zum einsilbigen Wort bāb بَابْ.

Die Betonung hängt von der Silbenstruktur eines Wortes ab. Grundsätzlich gilt, dass die Betonung eines Wortes nie auf der letzten Silbe liegt.

Betonung

auf der 1. Silbe		auf der vorletzten Silbe		auf der drittletzten Silbe	
alle Wörter mit 2 Silben		Wörter mit mehr als 2 Silben, vorletzte Silbe ist lang und stark		Wörter mit mehr als 2 Silben, vorletzte Silbe ist kurz und schwach	
sie sagten qālū	قَالُوا	Zeugen (m. Pl.) schuhūdun	شُهُودٌ	eine Bibliothek maktabatun	مَكْتَبَةٌ
er huwa	هُوَ	sie (f. Pl.) schreiben yaktubna	يَكْتُبْنَ	Deutschland 'almāniyā	أَلْمَانِيَا
zu/nach 'ilā	إِلَى	sie (f. Pl.) unterrichteten ihn darrasūhu	دَرَّسُوهُ	alle (m. Pl.) kulluhum	كُلُّهُمْ

2 Der Artikel

حَرْف التَّعْرِيف

Der bestimmte Artikel im Arabischen lautet immer ˈal- اَلْ, völlig unabhängig von Geschlecht, Zahl und Fall des Wortes, auf das er sich bezieht.
Der bestimmte Artikel wird immer mit dem ihm folgenden Wort zusammengeschrieben:

das Buch	ˈal-kitābu	الْكِتَابُ
der Lehrer	ˈal-muˁallimu	الْمُعَلِّمُ
das Auto	ˈas-sayyāratu	الْسَّيَّارَةُ
die Frau	ˈas-sayyidatu	الْسَّيِّدَةُ

Der Artikel determiniert oder bestimmt ein Substantiv.

▶ Kap. 3.3 unbestimmte Substantive. Einen unbestimmten Artikel kennt die arabische Sprache nicht. Unbestimmtheit wird durch tanwīn ausgedrückt:

ein Buch	kitābun	كِتَابٌ

Mondbuchstaben

Die Aussprache des bestimmten Artikels richtet sich nach dem Buchstaben, mit dem das folgende Wort beginnt. Beginnt dieses Wort mit einem so genannten Mondbuchstaben, wird der Artikel al- اَل ausgesprochen, also so, wie er geschrieben wird.
Es gibt 14 Mondbuchstaben. Sie werden so genannt, weil beim arabischen Wort für Mond der Artikel nicht assimiliert wird:

der Mond ˈal-qamaru الْقَمَرُ
Nach diesen 14 Mondbuchstaben wird der Artikel nicht assimiliert:
ا ب ج ح خ ع غ ف ق ك ه و ي

Sonnenbuchstaben

Beginnt das nächste Wort mit einem so genannten Sonnenbuchstaben, wird das l nicht ausgesprochen, sondern an den folgenden Buchstaben assimiliert. Auf diesen Buchstaben wird ein schadda ـّ gesetzt und der Konsonant dadurch verlängert ausgesprochen, obwohl der Artikel wie gewohnt ˈal- اَل geschrieben wird.
Es gibt 14 Sonnenbuchstaben. Sie werden so genannt, weil beim arabischen Wort für Sonne der Artikel assimiliert wird:

die Sonne asch-schamsu الشَّمْسُ
Nach diesen 14 Sonnenbuchstaben wird der Artikel assimiliert:
ت ث د ذ ر ز س ش ص ض ط ظ ل ن

Endet das Wort vor dem bestimmten Artikel mit einem Vokal, so wird nur das lām ل des Artikels gesprochen, da es sich beim ˈalif ا des Artikels um ein hamzat al-waṣl handelt:

im Haus	fi-l-bayti	فِي الْبَيْتِ

Vor dem bestimmten Artikel nehmen Wörter, die auf einen Konsonanten enden, einen Vokal an:

ohne Vokal			mit Vokal vor Artikel		
(Frage-partikel)	hal	هَلْ ...	(Frage-partikel)	hali-l-kitābu ...	هَلِ الْكِتَابُ ...
oder	'aw	أَوْ	oder das Buch	'awi-l-kitābu	أَوِ الكِتَابُ
von	min	مِنْ	von	mina-l-...	مِنَ ال...
wer	man	مَنْ	wer	mani-l-...	مَنِ ال...

3 Das Substantiv
الإِسْمُ

Arabische Substantive sind durch vier Merkmale gekennzeichnet: durch ihr Geschlecht, ihre Zahl, ihren bestimmten oder unbestimmten Status und ihren Fall. Diese grammatischen Informationen drücken sich in den Endungen der Substantive aus.

3.1 Genus

Die arabische Sprache kennt nur zwei Geschlechter: Maskulinum und Femininum. Das grammatische Geschlecht von Personen und Lebewesen entspricht in der Regel ihrem natürlichen Geschlecht.

Maskuline Substantive

Unbestimmte maskuline Substantive enden im Singular mit tanwīn ـٌ, das Substantiv lautet also in -un aus.

Substantive, die männliche Lebewesen bezeichnen, sind maskulin mudhakkar مُذَكَّر. Dazu gehören Personen, Personen- und Berufsbezeichnungen sowie Tiere. Sie werden als echtes Maskulinum bezeichnet, als haqīqiyy حَقِيقِي:

Mann	radjulun	رَجُلٌ
Lehrer	muʿallimun	مُعَلِّمٌ
Freund	ṣadīqun	صَدِيقٌ
Bulle	thawrun	ثَوْرٌ

! Ausnahmen sind einige Männernamen, die auf die Femininendung ة enden, aber dennoch maskulin sind:

(Männername) ḥamza حَمْزَة

Außerdem gibt es Substantive, die Dinge oder abstrakte Begriffe bezeichnen, deren grammatisches Geschlecht männlich ist. Sie werden metaphorisches Maskulinum genannt, madjāziyy مَجَازِيّ:

Stuhl	kursiyyun	كُرْسِيٌّ
Land	baladun	بَلَدٌ
Hemd	qamīṣun	قَمِيصٌ

Feminine Substantive

Die Femininendung Singular -atun wird nicht mit ت geschrieben, sondern mit einem ه, das zwei Punkte trägt: ة. Dieser Buchstabe wird tāʾ marbūṭa ة genannt.

In der Pausalform wird die Femininendung in der Regel nur als -a gesprochen, in einigen Dialekten aber auch als -ah.

Substantive, die weibliche Lebewesen bezeichnen, sind feminin, muʿannath مُؤَنَّث. Dazu gehören Personen, Personenbezeichnungen sowie Tiere. Sie werden als echtes Femininum bezeichnet, als haqīqiyy حَقِيقِي:

Taube	ḥamāmatun	حَمَامَةٌ
Frau	'imra'atun	اِمْرَأَةٌ

Berufsbezeichnungen werden durch die Femininendung ةٌ an das natürliche Geschlecht angepasst:

feminin			maskulin		
Ärztin	ṭabībatun	طَبِيبَةٌ	Arzt	ṭabībun	طَبِيبٌ
Lehrerin	muʿallimatun	مُعَلِّمَةٌ	Lehrer	muʿallimun	مُعَلِّمٌ
Studentin	ṭālibatun	طَالِبَةٌ	Student	ṭālibun	طَالِبٌ

Weibliche Lebewesen sind grundsätzlich feminin, auch wenn ihnen die Femininendung ةٌ fehlt:

Mutter	'ummun	أُمٌّ
Tochter	bintun	بِنْتٌ
Schwester	'uchtun	أُخْتٌ

Außerdem gibt es Substantive, die Dinge oder abstrakte Begriffe bezeichnen, deren grammatisches Geschlecht feminin ist. Sie werden metaphorisches Femininum genannt, madjāziyy مَجَازِيّ:

Auto	sayyāratun	سَيَّارَةٌ
Nacht	laylatun	لَيْلَةٌ
Kaffee	qahwatun	قَهْوَةٌ

Orts- und Ländernamen sind auch dann weiblich, wenn ihnen die Femininendung ةٌ fehlt:

Deutschland	'almāniyā	أَلْمَانِيَا
Frankreich	faransā	فَرَنْسَا

Außerdem gibt es einige Wörter, die weiblich sind, obwohl sie zu keiner der oben genannten Gruppen gehören:

Sonne	schamsun	شَمْسٌ
Wüste	ṣaḥrā'un	صَحْرَاءُ
Hand	yaddun	يَدٌّ
Krieg	ḥarbun	حَرْبٌ

3.2 Numerus

Neben Singular (mufrad مُفرَد) und Plural (djamᶜ جَمْع) gibt es in der arabischen Sprache als weiteren Numerus noch den Dual (muthannā مُثَنَّى), der genau zwei Lebewesen oder Dinge bezeichnet.

Bei der Pluralbildung unterscheidet man gesunde, regelmäßige Pluralformen und gebrochene, unregelmäßige Pluralformen.

Gesunder Plural männlich جَمْعُ المُذَكَّرِ السَّالِم

Der regelmäßige Plural wird in der arabischen Grammatik „gesund" sālim سَالِمْ genannt. Er wird immer bei Personen verwendet.
Die im Schriftbild nur durch tanwīn ـٌ gekennzeichnete männliche Singularendung -un wird im Plural zu -ūna ـــون.
Bei dieser Pluralform gibt es keinen Unterschied zwischen bestimmten und unbestimmten Formen.

bestimmt		unbestimmt	
die Lehrer al-muᶜallimūna	الْمُعَلِّمُونَ	Lehrer (Pl.) muᶜallimūn(a)	مُعَلِّمُونَ
die Schriftsteller al-kātibūna	الْكَاتِبُونَ	Schriftsteller (Pl.) kātibūn(a)	كَاتِبُونَ

Gesunder Plural weiblich جَمْعُ المُؤَنَّثِ السَّالِم

Der regelmäßige Plural wird in der arabischen Grammatik „gesund" sālim سَالِم genannt. Er wird immer bei Personen verwendet. Die feminine Singularendung -atun ةٌ wird im Plural ersetzt durch -ātun ــــات.
Bei dieser Pluralform gibt es einen Unterschied zwischen bestimmten und unbestimmten Formen.

bestimmt		unbestimmt	
die Lehrerinnen al-muᶜallimātu	الْمُعَلِّمَاتُ	Lehrerinnen (Pl.) muᶜallimātun	مُعَلِّمَاتٌ
die Studentinnen aṭ-ṭālibātu	الطَّالِبَاتُ	Studentinnen ṭālibātun	طَالِبَاتٌ

Gebrochener Plural جَمْعُ التَّكْسِير

Der unregelmäßige Plural wird in der arabischen Grammatik „gebrochener Plural" djamᶜu t-taksīr جَمْعُ التَّكْسِير genannt. Der unregelmäßige Plural ist die am häufigsten vorkommende Pluralform. Formal endet dieser Plural wie maskuline Singularformen auf -un.

Es gibt bestimmte Muster für die Bildung des unregelmäßigen Plurals, aber keine allgemeingültigen Regeln für die Ableitung. Gebrochene Pluralformen müssen deshalb wie neue Wörter gelernt werden.

Singular			Plural		
Mann	radjulun	رَجُلٌ	Männer	ridjālun	رِجَالٌ
Land	baladun	بَلَدٌ	Länder	bilādun	بِلَادٌ
Haus	baytun	بَيْتٌ	Häuser	buyūtun	بُيُوتٌ
Stadt	madīnatun	مَدِينَةٌ	Städte	mudunun	مُدُنٌ
Tür	bābun	بَابٌ	Türen	abwābun	أَبْوَابٌ

In einigen Fällen gibt es mehrere gebrochene Pluralformen zu einem Wort im Singular:

Singular			Plural		Plural	
Meer	baḥrun	بَحْرٌ	biḥarun	بِحَارٌ	buḥūrun	بُحُورٌ
Student	ṭālibun	طَالِبٌ	ṭullābun	طُلَّابٌ	ṭalabatun	طَلَبَةٌ

Auch beim gebrochenen Plural bleibt die Reihenfolge der Wurzelkonsonanten immer unverändert, nur die Vokale ändern sich.

Auch zu Fremdwörtern gibt es gebrochene Pluralformen, zum Beispiel:

Film	filmun	فِلْمٌ
Filme	aflāmun	أَفْلَامٌ

Dual مُثَنًّى

Der Dual wird verwendet, wenn genau zwei Personen, Tiere, Gegenstände oder Dinge bezeichnet werden sollen. Die Dualendung lautet -āni ـَانِ.

Bei männlichen Wörtern ersetzt sie die Nunationsendung -un:

zwei Männer	radjulāni	رَجُلَانِ
zwei Bücher	kitābāni	كِتَابَانِ

Bei weiblichen Wörtern wird die Femininendung ة zu ـت:

zwei Ärztinnen	ṭabībatāni	طَبِيبَتَانِ
zwei Autos	sayyāratāni	سَيَّارَتَانِ

3.3 Bestimmte und unbestimmte Substantive

Die Grundform eines arabischen Substantivs ist immer unbestimmt bzw. indeterminiert. Durch das Hilfszeichen tanwīn تنوين kann dies im Schriftbild sichtbar gemacht werden:

Mann	radjul	رَجُل
ein Mann	radjulun	رَجُلٌ
Frau	'imra'a	اِمْرَأة
eine Frau	'imra'atun	اِمْرَأَةٌ

▶ Kap. 2 Artikel. Mit Artikel wird ein Substantiv bestimmt bzw. determiniert:

der Mann	ar-radjulu	الرَّجُلُ
die Frau	al-mar'atu	الْمَرْأَةُ

! Eigennamen sind immer bestimmt, obwohl sie nie einen Artikel tragen.
Ahmad aḥmadu أَحْمَدُ

Die arabische Grammatik unterscheidet Pausalformen und Kontextformen. Pausalformen sind die Formen, die vor Sprechpausen gelten. Sie sind durch den Wegfall von Grammatikendungen mit kurzem Vokal gekennzeichent. Kontextformen dagegen sind die vollständigen Grammatikendungen, die nur in vokalisierten Texten sichtbar sind.
Im gesprochenen Arabisch werden in der Regel nur Pausalformen verwendet, die Grammatikendungen mit Kurzvokal werden nicht gesprochen.

3.4 Deklination

Die arabische Sprache kennt drei Fälle: Nominativ, Genitiv und Akkusativ. Sie werden durch Kasusendungen ausgedrückt.

Männliche Substantive

Kennzeichen der Nominativendung ist u. Im Singular lautet die Endung bei unbestimmten maskulinen Substantiven -un, bei bestimmten maskulinen Substantiven -u:

unbestimmt			bestimmt		
(ein) Mann	radjulun	رَجُلٌ	der Mann	'ar-radjulu	الرَّجُلُ

Kennzeichen der Genitivendung ist i. Im Singular lautet die Endung bei unbestimmten maskulinen Substantiven -in, bei bestimmten maskulinen Substantiven -i:

unbestimmt			bestimmt		
das Auto eines Mannes	sayyāratu radjulin	سَيَّارَةُ رَجُلٍ	das Haus des Lehrers	baytu l-muʿallimi	بَيْتُ الْمُعَلِّمِ

Kennzeichen der Akkusativendung ist a. Im Singular lautet die Endung bei unbestimmten maskulinen Substantiven -an, bei bestimmten maskulinen Substantiven -a:

unbestimmt			bestimmt		
Ich habe einen Mann gesehen	ra'aytu radjulan	رَأَيْتُ رَجُلًا	Ich habe den Lehrer gehört	samiʿtu l-muʿallima	سَمِعْتُ الْمُعَلِّمَ

Die folgende Tabelle zeigt alle Kasusendungen für maskuline Substantive im Singular im Überblick.

Maskulinum Singular

Mask. Sgl.	unbestimmt		bestimmt	
Nominativ	-un	ـٌ	-u	ـُ
Genitiv	-in	ـٍ	-i	ـِ
Akkusativ	-an	ـًا	-a	ـَ

! Die maskuline unbestimmte Akkusativendung wird im Schriftbild durch ـًا wiedergegeben. Vor einer Sprechpause wird -ā gelesen.

Auch bei maskulinen Substantiven im Plural ist u das Kennzeichen der Nominativendung. Im Plural lautet die Endung bei unbestimmten und bestimmten maskulinen Substantiven -ūna:

unbestimmt			bestimmt		
(einige) Lehrer	muʿallimūna	مُعَلِّمُونَ	die Lehrer	al-muʿallimūna	الْمُعَلِّمُونَ

Bei maskulinen Substantiven im Plural ist i das Kennzeichen der Genitivendung und der Akkusativendung. Im Plural lauten die Endungen bei unbestimmten und bestimmten maskulinen Substantiven -īna:

unbestimmt			bestimmt		
(einiger) Lehrer (Gen.)	muʿallimīna	مُعَلِّمِينَ	die Lehrer (Akk.)	al-muʿallimīna	الْمُعَلِّمِينَ

Die folgende Tabelle zeigt alle Kasusendungen für maskuline Substantive im Plural im Überblick.

Maskulinum Plural

Mask. Pl.	unbestimmt		bestimmt	
Nominativ	-ūna	ـُونَ	-ūna	ـُونَ
Genitiv	-īna	ـِينَ	-īna	ـِينَ
Akkusativ	-īna	ـِينَ	-īna	ـِينَ

Beim gesunden maskulinen Plural unterscheiden sich die Endungen für bestimmte und unbestimmte Formen nicht, Genitiv und Akkusativ haben dieselben Endungen.

Der gebrochene Plural wird wie ein maskulines Wort im Singular dekliniert.

Männer ridjālun رِجَالٌ

wird also genauso dekliniert wie

(ein) Mann radjulun رَجُلٌ

Weibliche Substantive

Kennzeichen der Nominativendung ist u. Im Singular lautet die Endung bei unbestimmten femininen Substantiven -atun, bei bestimmten femininen Substantiven -atu:

unbestimmt			bestimmt		
(eine) Lehrerin	muʿallimatun	مُعَلِّمَةٌ	die Lehrerin	ʾal-muʿallimatu	المُعَلِّمَةُ

Kennzeichen der Genitivendung ist i. Im Singular lautet die Endung bei unbestimmten femininen Substantiven -atin, bei bestimmten femininen Substantiven -ati:

unbestimmt			bestimmt		
(eines) Autos	sayyāratin	سَيَّارَةٍ	des Autos	as-sayyārati	السَّيَّارَةِ

Kennzeichen der Akkusativendung ist a. Im Singular lautet die Endung bei unbestimmten femininen Substantiven -atan, bei bestimmten femininen Substantiven -ata:

unbestimmt			bestimmt		
(eine) Ärztin	ṭabībatan	طَبِيبَةً	die Ärztin	aṭ-ṭabībata	الطَّبِيبَةَ

Die folgende Tabelle zeigt alle Kasusendungen für feminine Substantive im Singular im Überblick.

Femininum Singular

Fem. Sing.	unbestimmt		bestimmt	
Nominativ	-atun	ـَةٌ	-atu	ـَةُ
Genitiv	-atin	ـَةٍ	-ati	ـَةِ
Akkusativ	-atan	ـَةً	-ata	ـَةَ

Auch bei femininen Substantiven im Plural ist u das Kennzeichen der Nominativendung. Im Plural lautet die Endung bei unbestimmten femininen Substantiven -ātun, bei bestimmten femininen Substantiven -ātu:

unbestimmt			bestimmt		
(einige) Lehrerinnen	muʿallimātun	مُعَلِّمَاتٌ	die Lehrerinnen	ʾal-muʿallimātu	الْمُعَلِّمَاتُ

Bei femininen Substantiven im Plural ist i das Kennzeichen der Genitivendung und der Akkusativendung. Im Plural lauten die Endungen bei unbestimmten femininen Substantiven -ātin, bei bestimmten femininen Substantiven -āti:

unbestimmt			bestimmt		
(einiger) Ärztinnen (Gen.)	ṭabībātin	طَبِيبَاتٍ	die Autos (Akk.)	as-sayyārāti	السَّيَّارَاتِ

Die folgende Tabelle zeigt alle Kasusendungen für feminine Substantive im Plural im Überblick.

Femininum Plural

Fem. Pl.	unbestimmt		bestimmt	
Nominativ	-ātun	ـَاتٌ	-ātu	ـَاتُ
Genitiv	-ātin	ـَاتٍ	-āti	ـَاتِ
Akkusativ	-ātin	ـَاتٍ	-āti	ـَاتِ

Beim gesunden femininen Plural haben Genitiv und Akkusativ dieselben Endungen.

Der Dual

Wie beim gesunden männlichen Plural gibt es auch beim Dual, der Zweizahl, keinen Unterschied zwischen unbestimmten und bestimmten Formen.
Bei Substantiven im Dual lauten die Endungen im Nominativ -āni bei maskulinen Substantiven und -atāni bei femininen Substantiven:

unbestimmt			bestimmt		
zwei Männer	radjulāni	رَجُلَانِ	die beiden Lehrer	al-muʿallimāni	المُعَلِّمَانِ
zwei Zimmer	ġurfatāni	غُرْفَتَانِ	die beiden Lehrer-innen	al-muʿallimatāni	المُعَلِّمَتَانِ

Im Dual stimmen wie beim gesunden Plural die Endungen für Genitiv und Akkusativ überein. Für maskuline Substantive lautet die Endung im Genitiv und im Akkusativ -ayni, für feminine Substantive -atayni:

unbestimmt			bestimmt		
beider Lehrer	muʿallimayni	مُعَلِّمَيْنِ	der zwei Männer	ar-radjulayni	الرَّجُلَيْنِ
beider Lehrer-innen	muʿallimatayni	مُعَلِّمَتَيْنِ	die zwei Zimmer (Akk.)	al-ġurfatayni	الغُرْفَتَيْنِ

Die folgende Tabelle zeigt alle Kasusendungen für männliche und weibliche Substantive im Dual im Überblick.

Dualendungen

Dual	maskulin		feminin	
Nominativ	-āni	ـَانِ	-atāni	ـَتَانِ
Genitiv	-ayni	ـَيْنِ	-atayni	ـَتَيْنِ
Akkusativ	-ayni	ـَيْنِ	-atayni	ـَتَيْنِ

Die Genitivverbindung الإضافة

In der Genitivverbindung iḍāfa إِضَافَة folgt immer der Genitiv auf das Wort, auf das er sich bezieht:
die Haustür → die Tür des Hauses → bābu l-bayti بَابُ الْبَيْتِ
Das Bezugswort erhält immer die Endung eines bestimmten Substantivs, darf aber weder Artikel noch tanwīn erhalten.
Die Genitvverbindung bildet eine Einheit und kann bestimmt oder unbestimmt sein.
Bei einer unbestimmten Verbindung erhält der Genitiv tanwīn:

eine Hautür → eine Tür eines Hauses → bābu baytin بَابُ بَيْتٍ

ein Liebesbrief → ein Brief der Liebe → risālatu ḥubbin رِسَالَةُ حُبٍّ

Bei einer bestimmten Verbindung wird nur der Genitiv mit dem bestimmten Artikel verbunden:

die Haustür → die Tür des Hauses → bābu l-bayti بَابُ الْبَيْتِ

das Buch der Lehrerin → kitābu l-muʿallimati كِتَابُ الْمُعَلِّمَةِ

Dass die Genitivverbindung eine Einheit bildet, zeigt sich auch bei der Aussprache der Femininendung tāʾ marbūṭa ة. Sie wird auch in der Alltagssprache als -at gesprochen:

Ahmads Auto	sayyārat aḥmad	سَيَّارَة أَحْمَد
Hamza der Verbindung	hamzat al-waṣl	هَمْزَة الْوَصْل

Eine Genitivverbindung kann auch aus mehr als zwei Substantiven bestehen. In diesem Fall erhält nur das letzte Wort der Verbindung den Artikel, aber alle Wörter der Verbindung gelten als bestimmt:

der Sohn des Sprachlehrers → der Sohn des Lehrers der Sprache → ibnu muʿallimi l-luġati اِبْنُ مُعَلِّمِ اللُّغَةِ

Ein Adjektiv, das sich auf das Leitwort bezieht, steht immer hinter der kompletten Genitivverbindung:

die schöne Tür des Hauses →
bābu l-bayti l-djamīlu بَابُ الْبَيْتِ الْجَمِيلُ

das neue Buch des Lehrers →
kitābu l-muʿallimi l-djadīdu كِتَابُ الْمُعَلِّمِ الْجَدِيدُ

▶ Kap. 12 Präpositionen. Auf Präpositionen folgt grundsätzlich der Genitiv.

Teilweise deklinierbare Substantive

Einige Substantive werden nur teilweise dekliniert.

Substantive, die auf alif maqṣūra enden, lauten im Nominativ, Genitiv und Akkusativ gleich aus:

Krankenhaus	mustaschfā	مُسْتَشْفَى
Dörfer	qurā	قُرَى

Auch andere Substantive, die nicht die üblichen Endungen aufweisen, bleiben in allen Fällen unverändert:

Syrien	sūriyā	سُورِيَا
Deutschland	almāniyā	أَلْمَانِيَا

Einige Substantive, insbesondere einige lexikalische Plurale, enden in der unbestimmten Form nicht auf -un ـٌ, sondern auf -u ـُ. Sie kennen nur zwei Kasusendungen in der unbestimmten Form, denn die Endungen für Genitiv und Akkusativ lauten hier gleich. Diese lexikalischen Plurale werden Diptota oder mamnūʿ mina ṣ-ṣarf مَمْنُوع مِن الصَّرْف genannt:

Schulen (Nom.)	madārisu	مَدَارِسُ
der Briefe (Gen.)	ar-rasāˈili	الرَّسَائِلِ
Ministern (Akk.)	wuzarāˈa	وُزَرَاءَ
die Büros (Akk.)	al-makātiba	الْمَكَاتِبَ

Die folgende Tabelle zeigt alle Kasusendungen der diptotischen Plurale.

Diptotische Kasusendungen

	unbestimmt		bestimmt	
Nominativ	-u	ـُ	-u	ـُ
Genitiv	-a	ـَ	-i	ـِ
Akkusativ	-a	ـَ	-a	ـَ

Der Vokativ

Im Arabischen gibt es eine Anredeform, die mit den Partikeln yā يَا und ˈayyuhā أَيُّهَا gebildet wird. Das auf die Partikel folgende Substantiv endet auf -u.

Auf yā يَا folgt das Substantiv ohne Artikel:

oh (du) Junge	yā waladu	يَا وَلَدُ

Auf ˈayyuhā أَيُّهَا folgt das Substantiv mit Artikel:

oh (ihr) Mädchen	ˈayyuhā l-banātu	أَيُّهَا الْبَنَاتُ

4 Das Adjektiv
الصِفَة

4.1 Die Bildung des Adjektivs

Adjektive werden häufig nach dem Muster faʿīl فَعِيل gebildet, also mit a nach dem 1. Wurzelkonsonanten und ī nach dem 2. Wurzelkonsonanten:

schön	djamīlun	جَمِيلٌ	nett	laṭīfun	لَطِيفٌ
neu	djadīdun	جَدِيدٌ	alt	qadīmun	قَدِيمٌ
groß	kabīrun	كَبِيرٌ	klein	ṣaġīrun	صَغِيرٌ
kurz	qaṣīrun	قَصِيرٌ	lang	ṭawīlun	طَوِيلٌ

Viele Adjektive sind Partizipformen mit m- مـ vor dem 1. Wurzelkonsonanten:

wichtig	muhimmun	مُهِمٌّ
fleißig	mudjtahidun	مُجْتَهِدٌ
glücklich	masrūrun	مَسْرُورٌ

Die Endung -iyy bildet Adjektive aus Substantiven. Diese Adjektive werden im Arabischen „Beziehung" nisba نِسْبَة genannt:

Osten	scharqun	شَرْقٌ	→	östlich	scharqiyyun	شَرْقِيٌّ
Ägypten	miṣru	مِصْرُ	→	ägyptisch	miṣriyyun	مِصْرِيٌّ

Diese Adjektive werden häufig auch substantivisch gebraucht:

ein Deutscher	ʾalmāniyyun	أَلْمَانِيٌّ
ein Araber	ʿarabiyyun	عَرَبِيٌّ

Die weibliche Form des Adjektivs wird mithilfe der Femininendung tāʾ marbūṭa ة gebildet:

schöne	djamīlatun	جَمِيلَةٌ
nette	laṭīfatun	لَطِيفَةٌ
neue	djadīdatun	جَدِيدَةٌ

4.2 Stellung und Kongruenz

! In der arabischen Sprache ist das Adjektiv dem Substantiv immer nachgestellt:

ein neues Auto	sayyāratun djadīdatun	سَيَّارَةٌ جَدِيدَةٌ
ein altes Buch	kitābun qadīmun	كِتَابٌ قَدِيمٌ
fleißige Studentinnen	ṭālibātun mudjtahidātun	طَالِبَاتٌ مُجْتَهِدَاتٌ

Das Adjektiv richtet sich in der Regel in Genus, Numerus, Status und Kasus nach dem Substantiv, auf das es sich bezieht.
Ist das Substantiv determiniert, wird auch das Adjektiv mit dem Artikel versehen:

das große Haus	al-baytu l-kabīru	الْبَيْتُ الْكَبِيرُ
die kleine Schule	al-madrasatu ṣ-ṣaġīratu	الْمَدْرَسَةُ الصَّغِيرَةُ

! Der Plural von Gegenständen und Dingen wird immer als weiblicher Singular behandelt:

neue Bücher	kutubun djadīdatun	كُتُبٌ جَدِيدَةٌ
große Autos	sayyārātun kabīratun	سَيَّارَاتٌ كَبِيرَةٌ

4.3 Die Steigerung des Adjektivs

Die arabische Sprache kennt nur eine Steigerungsform, den so genannten Elativ. Er kann von allen Adjektiven gebildet werden, die aus drei Wurzelkonsonanten abgeleitet sind.
Die Steigerungsform wird grundsätzlich nach dem Muster 'afᶜalu أَفْعَلُ gebildet, unabhängig von Genus, Numerus oder Kasus:

groß	kabīrun / kabīratun	كَبِيرٌ / كَبِيرَةٌ	→	größer	'akbaru	أَكْبَرُ
schön	djamīlun / djamīlatun	جَمِيلٌ / جَمِيلَةٌ	→	schöner	'adjmalu	أَجْمَلُ
gut	ṭayyibun / ṭayyibatun	طَيِّبٌ / طَيِّبَةٌ	→	besser	'aṭyabu	أَطْيَبُ

▶ Kap. 3.4 Teilweise deklinierbare Substantive. Der Elativ wird diptotisch gebeugt.

Als Komparativ ist der Elativ unveränderlich, unabhängig von Genus, Numerus oder Kasus. Bei einem Vergleich wird das Verglichene mit der Präposition „als" min مِن der Steigerungsform nachgestellt:

Khadidja ist größer als Omar.	chadīdja 'akbaru min ᶜumar	خَدِيجَةٌ أَكْبَرُ مِن عُمَرَ .

Der Elativ kann auch als Superlativ benutzt werden.
Neben der maskulinen Form 'afᶜalu أَفْعَلُ gibt es auch eine feminine Form. Sie wird nach dem Muster fuᶜlā فُعْلَى mit 'alif maqṣūra gebildet:

mask.				fem.	
größer	'akbaru	أَكْبَرُ	→	kubrā	كُبْرَى
kleiner	'aṣġaru	أَصْغَرُ	→	ṣuġrā	صُغْرَى

Der Elativ wird bei diesem Gebrauch als Superlativ mit dem bestimmten Artikel versehen:

Ahmad ist am größten.	'aḥmadu l-'akbar	أَحْمَدُ الأَكْبَر.
Khadidja ist am kleinsten.	chadīdjatun aṣ-ṣuġrā	خَدِيجَةٌ الصُّغْرَى.

Meist wird der Superlativ gebildet, indem ein Substantiv im Genitiv auf die Steigerungsform des Adjektivs folgt. In diesem Fall wird nur der Elativ nach dem Muster ʾafʿalu أَفْعَلُ benutzt:

Elativ + unbestimmtes Substantiv im Genitiv Singular

das schnellste Auto ʾasraʿu sayyāratin أَسْرَعُ سَيَّارَةٍ
(d. h. das schnellste aller Autos)

Elativ + bestimmtes Substantiv im Genitiv Plural

der beste Lehrer ʾafḍalu l-muʿallimīna أَفْضَلُ المُعَلِّمِينَ
(d. h. der beste aus einer bestimmten Gruppe von Lehrern)

Adjektive, die mehr als drei Wurzelkonsonanten haben, können keinen Elativ bilden. Sie werden mit einer Hilfskonstruktion gesteigert:

mehr ʾaktharu أَكْثَرُ
+ unbestimmtes Substantiv im Akkusativ

nützlicher
(= mehr an Nutzen) ʾaktharu ʾifādatan أَكْثَرُ إِفَادَةً

4.4 Farbadjektive

Auch Farbadjektive werden wie der Elativ nach dem Muster ʾafʿalu أَفْعَلُ für männliche Adjektive im Singular gebildet.
Weibliche Adjektive im Singular werden nach dem Muster faʿlāʾu فَعْلَاءُ gebildet.
Der Plural für maskuline und feminine Farbadjektive folgt dem Muster fuʿlun فُعْلٌ.

Farbadjektive

	Sing. mask.		Sing. fem.		Plural	
blau	ʾazraqu	أَزْرَقُ	zarqāʾu	زَرْقَاءُ	zurqun	زُرْقٌ
gelb	ʾaṣfaru	أَصْفَرُ	ṣafrāʾu	صَفْرَاءُ	ṣufrun	صُفْرٌ
grün	ʾachḍaru	أَخْضَرُ	chaḍrāʾu	خَضْرَاءُ	chuḍrun	خُضْرٌ
rot	ʾaḥmaru	أَحْمَرُ	ḥamrāʾu	حَمْرَاءُ	ḥumrun	حُمْرٌ
schwarz	ʾaswadu	أَسْوَدُ	sawdāʾu	سَوْدَاءُ	sūdun	سُودٌ
weiß	ʾabyaḍu	أَبْيَضُ	bayḍāʾu	بَيْضَاءُ	bīḍun	بِيضٌ

Der Singular wird diptotisch gebeugt:

eines roten Autos sayyāratin ḥamrāʾa سَيَّارَةٍ حَمْرَاءَ

des gelben Kleides ath-thawbi l-ʾaṣfari الثَّوْبِ الأَصْفَرِ

einen blauen Stift qalaman ʾazraqa قَلَماً أَزْرَقَ

5 Der Nominalsatz

الجُملَة الإسمِيَة

In der arabischen Sprache können Nominalsätze gebildet werden, die ohne Verb auskommen. Das Subjekt des Nominalsatzes kann ein Substantiv, ein Personalpronomen oder ein Demonstrativpronomen sein.
Der Nominalsatz hat kein Verb als Prädikat, sondern ein Adjektiv, Substantiv oder Adverb, das das Subjekt näher beschreibt. Ein Adjektiv richtet sich in Fall, Zahl und Geschlecht nach dem Subjekt, bleibt aber im Gegensatz zu diesem unbestimmt.

In der deutschen Grammatik nennt sich diese Konstruktion prädikativer Gebrauch oder Prädikatsnomen, z. B.: Das Buch ist neu.

Im Deutschen ist in der Regel das Hilfsverb „sein“ nötig, um solche Sätze zu übersetzen:

Das Buch ist neu.	al-kitābu djadīdun	الْكِتَابُ جَدِيدٌ.

im Gegensatz zum attributiven Gebrauch des Adjektivs:

das neue Buch	al-kitābu l-djadīdu	الْكِتَابُ الْجَدِيدُ

Weitere Beispiele für Nominalsätze:

Das Zimmer ist geräumig.	al-ġurfatu wāsiʿatun	الْغُرْفَةُ وَاسِعَةٌ.
Sie ist Ärztin.	hiya ṭabībatun	هِيَ طَبِيبَةٌ.
Er ist (kommt) aus Kairo.	huwa mina l-qāhirati	هُوَ مِنَ الْقَاهِرَةِ.
Der Lehrer ist hier.	al-muʿallimu hunā	المُعَلِّمُ هُنَا.

Verneinung des Nominalsatzes

Nominalsätze werden mit der Negation laysa لَيْسَ verneint. Laysa لَيْسَ wird wie ein Verb gebeugt und erhält die Flexionsendungen des Perfekts, verneint aber einen Nominalsatz der Gegenwart:

Negation laysa

Sing.			
1.	ich bin nicht	lastu	لَسْتُ
2. m.	du bist nicht	lasta	لَسْتَ
2. f.	du bist nicht	lasti	لَسْتِ
3. m.	er ist nicht	laysa	لَيْسَ
3. f.	sie ist nicht	laysat(i)	لَيْسَتِ
Plural			
1.	wir sind nicht	lasnā	لَسْنَا
2. m.	ihr seid nicht	lastum(u)	لَسْتُمْ
2. f.	ihr seid nicht	lastunna	لَسْتُنَّ
3. m.	sie sind nicht	laysū	لَيْسُوا
3. f.	sie sind nicht	lasna	لَسْنَ

Das Prädikatsnomen folgt im Akkusativ auf laysa لَيْسَ:

Ich bin nicht (bin keine) Ärztin. lastu ṭabībatan لَسْتُ طَبِيبَةً.

Das Buch ist nicht neu. laysa l-kitābu djadīdan لَيْسَ الْكِتَابُ جَدِيداً.

6 Pronomen

Die arabische Sprache kennt eigenständige Pronomen und suffigierte Pronomen, also Pronomen, die als Endungen an ein anderes Wort angefügt werden. Für den Dual gibt es eigene Formen in der 2. und 3. Person Plural, die für die maskuline und feminine Zweizahl gleich lauten.

6.1 Personalpronomen

Personalpronomen gibt es als eigenständige Formen und als suffigierte Formen.

Die eigenständigen Personalpronomen werden als Subjekt eines Satzes benutzt:

Wir sind besorgt.	naḥnu qaliqūna	نَحْنُ قَلِقُونَ
Sie ist (kommt) aus Kairo.	hiya mina l-qāhirati	هِيَ مِنَ الْقَاهِرَةِ

Eigenständige Personalpronomen

Sing.			
1.	ich	'anā	أَنَا
2. m.	du	'anta	أَنتَ
2. f.	du	'anti	أَنتِ
3. m.	er, es	huwa	هُوَ
3. f.	sie, es	hiya	هِيَ
Plural			
1.	wir	naḥnu	نَحنُ
2. m.	ihr	'antum	أَنتُم
2. f.	ihr	'antunna	أَنتُنَّ
2. Dual	ihr	'antumā	أَنتُمَا
3. m.	sie	hum	هُم
3. f.	sie	hunna	هُنَّ
3. Dual	sie	humā	هُمَا

! Im Arabischen gibt es bei der 2. und 3. Person Singular und Plural jeweils eigene maskuline und feminine Pronomen!

Für beide Arten der Personalpronomen gilt: Bei einer gemischten Gruppe aus Männern und Frauen wird das maskuline Pronomen benutzt:

sie (m.) hum هُم + sie (f.) hunna هُنَّ

wird zu

sie (m.) hum هُم

! Für Dinge und Tiere im Plural dagegen wird das feminine Pronomen der 3. Person Singular verwendet:

Häuser buyūtun بُيُوتٌ → hiya هِيَ

Die suffigierten Personalpronomen werden als direktes oder indirektes Objekt eines Satzes benutzt und an ein Verb oder eine Präposition angefügt:

Ich habe ihn gesehen. ra'aytuhu رَأَيْتُهُ.

Du gehst zu ihm. tadhhabu 'ilayhi تَذْهَبُ إِلَيْهِ.

Suffigierte Personalpronomen

Sing.			
1.	mich, mir	-nī	ـنِي
2. m.	dich, dir	-ka	ـكَ
2. f.	dich, dir	-ki	ـكِ
3. m.	ihn, ihm	-hu (Akk.) -hi (Gen.)	ـهُ ـهِ
3. f.	sie, ihr	-hā	هَا
Plural			
1.	uns	-nā	ـنَا
2. m./f.	euch	-kum	ـكُم
2. Dual	euch	-kumā	ـكُمَا
3. m.	sie, ihnen	-hum	ـهُم
3. f.	sie, ihnen	-hunna	ـهُنَّ
3. Dual	sie, ihnen	-humā	ـهُمَا

! Bei der 2. Person Singular maskulin unterscheiden sich die Formen für Genitiv und Akkusativ. Nur für die 2. Person Singular gibt es jeweils eigene maskuline und feminine Personalsuffixe, im Plural gibt es keinen Unterschied zwischen maskuliner und femininer Form.

6.2 Possessivpronomen

Die Possessivpronomen werden suffigiert:

sein (m. Sg.) Buch	kitābuhu	كِتَابُهُ
euer (f.) Stift	qalamukunna	قَلَمُكُنَّ

! Die Femininendung tā' marbūṭa ة wird als ت geschrieben, wenn ein Possessivpronomen angefügt wird:

ihr (f. Sg.) Auto	sayyāratuhā	سَيَّارَتُهَا
unsere Stadt	madīnatunā	مَدِينَتُنَا

Suffigierte Possessivpronomen

Sing.			
1.	mein	-ī	ـــي
2. m.	dein	-ka	ـــكَ
2. f.	dein	-ki	ـــكِ
3. m.	sein	-hu, -hi	ـــهُ, ـــهِ
3. f.	ihr	-hā	ـــهَا
Plural			
1.	unser	-nā	ـــنَا
2. m.	euer	-kum	ـــكُم
2. f.	euer	-kunna	ـــكُنَّ
2. Dual	euer	-kumā	ـــكُمَا
3. m.	ihr	-hum	ـــهُم
3. f.	ihr	-hunna	ـــهُنَّ
3. Dual	ihr	-humā	ـــهُمَا

6.3 Demonstrativpronomen

In der arabischen Sprache gibt es hinweisende Fürwörter, die den deutschen Pronomen „dieser“ und „jener“ entsprechen.

Sing.			
m.	dieser, dieses	hādhā	هَذَا
f.	diese, dieses	hādhihi	هَذِهِ
Plural			
	diese	hā'ulā'i	هَؤُلَاءِ
m. Dual	diese	hādhāni	هَذَانِ
m. Dual Gen., Akk.		hādhayni	هَذَيْنِ
f. Dual	diese	hātāni	هَاتَانِ
f. Dual Gen., Akk.	dieser, diese	hātayni	هَاتَيْنِ

Sing.			
m.	jener, jenes	dhālika	ذَلِكَ
f.	jene, jenes	tilka	تِلْكَ
Plural			
3.	jene	'ulā'ika	أُولَئِكَ

Beachten Sie die unregelmäßigen Schreibweisen einiger Demonstrativpronomen ohne ا nach dem ersten Konsonanten, obwohl die Aussprache des Vokals ā und damit lang ist.

Ein Demonstrativpronomen steht immer vor dem Substantiv, auf das es sich bezieht. Das Pronomen richtet sich im Genus und bei Lebewesen auch im Numerus nach dem Bezugswort. Das Substantiv ist mit dem bestimmten Artikel versehen:

dieser Freund	hādhā ṣ-ṣadīqu	هَذَا الصَّدِيقُ
diese Lehrerin	hādhihi l-muʿallimatu	هَذِهِ الْمُعَلِّمَةُ
jene Stadt	tilka l-madīnatu	تِلْكَ الْمَدِينَةُ

▶ Kap. 5 Nominalsatz. Folgt auf das Demonstrativpronomen ein Substantiv ohne Artikel, liegt ein Nominalsatz vor:

Diese ist Lehrerin.	hādhihi muʿallimatun	هَذِهِ مُعَلِّمَةٌ.

6.4 Relativpronomen

Sgl.	maskulin		feminin	
der, die, das	al-ladhī	الَّذِي	al-latī	الَّتِي
Plural				
die	al-ladhīna	الَّذِينَ	al-lātī, al-lawātī	اللاَّتِي, اللَّوَاتِي
Dual (Nom.)	al-ladhāni	اللَّذَانِ	al-latāni	اللَّتَانِ
Dual (Gen., Akk.)	al-ladhayni	اللَّذَيْنِ	al-latayni	اللَّتَيْنِ

Merken Sie sich die Schreibweise mit nur einem lām ل im Singular und beim maskulinen Plural, aber mit zwei lām ل in den femininen Pluralformen.

Relativpronomen werden im Genus und bei Lebewesen auch im Numerus an das Bezugswort angeglichen, im Dual auch im Kasus. Ein Relativpronomen bezieht sich immer auf ein determiniertes Substantiv:

der Mann, der aus Ägypten kommt ...	ar-radjulu l-ladhī djā'a min miṣri	الرَّجُلُ الَّذِي جَاءَ مِن مِصْرِ ...
die Frauen, die einkaufen ...	an-nisā'u l-lawātī yaschtarīna	النِّسَاءُ اللَّوَاتِي يَشْتَرِينَ ...
mit den beiden Studentinnen, die aus Marokko kommen ...	maʿa ṭ-ṭālibatayni l-latayni djā'atā mina l-maġribi	مَعَ الطَّالِبَتَيْنِ اللَّتَيْنِ جَاءَتَا مِنَ المَغْرِبِ ...

▶ Fragepronomen s. Kap. 11 Fragewörter

7 Das Verb
الفِعْل

Die arabische Sprache kennt nur zwei Zeitstufen des Verbs: Perfekt, al-māḍī الْمَاضِي, und Präsens, al-muḍāriʿ الْمُضَارِع. Das Perfekt wird verwendet, um die Vergangenheit auszudrücken. Mit dem Präsens können Gegenwart und Zukunft ausgedrückt werden.

! Lassen Sie sich nicht davon verwirren, dass die Zeitstufe der arabischen Gegenwart oft auch als Imperfekt bezeichnet wird.

7.1 Der Infinitiv صِيغَة المَصدَر

In der arabischen Sprache gibt es keinen Infinitiv im üblichen Sinn. Als Grundform des Verbs wird immer die 3. Person Singular maskulin Perfekt angegeben, da sie lediglich aus den Wurzelkonsonanten besteht. Unter dieser Form wird ein Verb in Wörterbüchern aufgeführt:

schreiben	kataba	كَتَبَ
sitzen	djalasa	جَلَسَ
öffnen	fataḥa	فَتَحَ

▶ Kap. 8 Verbstämme. Neben den Grundformen des Grundstammes gibt es Grundformen der erweiterten Verbstämme. Die Grundformen der Verbstämme haben erweiterte Formen, die auf den Wurzelkonsonanten basieren:

reisen	sāfara	سَافَرَ
arbeiten	ʾischtaġala	اِشْتَغَلَ

7.2 Das Perfekt المَاضِي

Das Perfekt drückt ein abgeschlossenes Geschehen in der Vergangenheit aus. Genus und Numerus werden durch Endungen ausgedrückt, die an den Perfektstamm angefügt werden.

Aktiv

Sing.			
1.	ich schrieb	katabtu	كَتَبْتُ
2. m.	du schriebst	katabta	كَتَبْتَ
2. f.	du schriebst	katabti	كَتَبْتِ
3. m.	er schrieb	kataba	كَتَبَ
3. f.	sie schrieb	katabat(i)	كَتَبَتْ

Plural			
1.	wir schrieben	katabnā	كَتَبْنَا
2. m.	ihr schriebt	katabtum	كَتَبْتُمْ
2. f.	ihr schriebt	katabtunna	كَتَبْتُنَّ
3. m.	sie schrieben	katabū	كَتَبُوا
3. f.	sie schrieben	katabna	كَتَبْنَ

Zum einfacheren Verständnis werden in dieser Grammatik die Verben in den verschiedenen Personen erst im Singular und dann im Plural dargestellt, wie in den europäischen Sprachen üblich. Im Arabischen gilt normalerweise die Reihenfolge nach Personen: Auf die 1. Person Singular folgt also die 1. Person Plural, dann die 2. Person Singular, die 2. Person Dual, die 2. Person Plural, dann die 3. Person Singular, die 3. Person Dual, die 3. Person Dual.

Für den Dual wird -ā an die Perfektformen angefügt. Der Dual für die 2. Person lautet in der männlichen und weiblichen Form gleich.

Dual im Perfekt

Dual			
2. m. u. f.	ihr beide schriebt	katabtumā	كَتَبْتُمَا
3. m.	sie beide schrieben	katabā	كَتَبَا
3. f.	sie beide schrieben	katabatā	كَتَبَتَا

7.3 Das Präsens الْمُضَارِع

Mit dieser Zeitform, die auch als Imperfekt bezeichnet wird, wird ein nicht abgeschlossenes, fortdauerndes Geschehen ausgedrückt. Nur von dieser Zeitstufe können auch Konjunktiv, Jussiv und Imperativ gebildet werden. Genus und Numerus werden durch Präfixe und ergänzende Suffixe ausgedrückt.

Indikativ Präsens Aktiv

Sing.			
1.	ich schreibe	aktubu	أَكْتُبُ
2. m.	du schreibst	taktubu	تَكْتُبُ
2. f.	du schreibst	taktubīna	تَكْتُبِينَ
3. m.	er schreibt	yaktubu	يَكْتُبُ
3. f.	sie schreibt	taktubu	تَكْتُبُ
Plural			
1.	wir schreiben	naktubu	نَكْتُبُ
2. m.	ihr schreibt	taktubūna	تَكْتُبُونَ
2. f.	ihr schreibt	taktubna	تَكْتُبْنَ
3. m.	sie schreiben	yaktubūna	يَكْتُبُونَ
3. f.	sie schreiben	yaktubna	يَكْتُبْنَ

Für den Dual wird im Präsens -āni angefügt. Der Dual für die 2. Person lautet in der männlichen und weiblichen Form gleich.

Dual im Präsens

Dual			
2. m. u. f.	ihr beide schreibt	taktubāni	تَكْتُبَانِ
3. m.	sie beide schreiben	yaktubāni	يَكْتُبَانِ
3. f.	sie beide schreiben	taktubāni	تَكْتُبَانِ

7.4 Das Futur

Mit der Zeitstufe des Präsens kann auch das Futur ausgedrückt werden. Um eindeutig auszudrücken, dass ein Geschehen in der Zukunft stattfinden wird, kann den Präsensformen entweder das Präfix sa- ســـ oder das eigenständige Wort sawfa سَوف vorangestellt werden.
Die Futurformen sa- ســـ und sawfa سَوف sind gleichwertig:

Layla wird zum Markt gehen.	laylā satadhhabu 'ilā s-sūqi	لَيْلَى سَتَذْهَبُ إِلَى السُّوقِ.
Sie (m.) werden morgen aus Kairo zurückkehren.	sawfa yardji'ūna mina l-qāhirati ġadan	سَوْفَ يَرْجِعُونَ مِنَ الْقَاهِرَةِ غَداً.

7.5 Der Konjunktiv الْمُضَارِع الْمَنْصُوب

Der Konjunktiv wird wie der Indikativ Präsens mit Präfixen und ergänzenden Suffixen gebildet.

Konjunktiv Präsens

Sing.		
1.	'aktuba	أَكْتُبَ
2. m.	taktuba	تَكْتُبَ
2. f.	taktubī	تَكْتُبِي
3. m.	yaktuba	يَكْتُبَ
3. f.	taktuba	تَكْتُبَ
Plural		
1.	naktuba	نَكْتُبَ
2. m.	taktubū	تَكْتُبُوا
2. f.	taktubna	تَكْتُبْنَ
3. m.	yaktubū	يَكْتُبُوا
3. f.	yaktubna	يَكْتُبْنَ

! Beachten Sie die Schreibweise mit و ا bei der 2. und 3. Person Plural maskulin!

Für den Dual wird im Konjunktiv -ā angefügt. Der Dual für die 2. Person lautet in der männlichen und weiblichen Form gleich.

Dual im Konjunktiv

Dual		
2. m. u. f.	taktubā	تَكْتُبَا
3. m.	yaktubā	يَكْتُبَا
3. f.	taktubā	تَكْتُبَا

Im Gegensatz zum Indikativ drückt der Konjunktiv al-muḍāriᶜ al-manṣūb الْمُضَارِع الْمَنْصُوب Zweifel, Wünsche oder Absichten aus. Er muss grundsätzlich nach bestimmten Partikeln und Konjunktionen verwendet werden. Dies gilt vor allem für „dass“ 'an أَنْ, „damit, um zu“ li- لِـ, „damit, um zu“ kay كَيْ oder likay لِكَيْ und die Verneinung lan لَنْ für das Futur:

Ich habe vergessen, das Medikament zu nehmen.	nasītu 'an 'atanāwala d-dawā'a	نَسِيتُ أَنْ أَتَنَاوَلَ الدَّوَاءَ
Sie (f.) setzten sich, um Kaffee zu trinken.	djalasna li-yaschrabna qahwatan	جَلَسْنَ لِيَشْرَبْنَ قَهْوَةً.
wir werden nicht reisen	lan nusāfira	لَنْ نُسَافِرَ

7.6 Der Jussiv الْمُضَارِع الْمَجْزُوم

Neben dem Konjunktiv kennt die arabische Sprache einen weiteren Modus, den Jussiv. Da er durch Wegfall bzw. Verkürzung der Endungen gekennzeichnet wird, wird er manchmal auch als Apokopat bezeichnet.

Sing.		
1.	'aktub	أَكْتُبْ
2. m.	taktub	تَكْتُبْ
2. f.	taktubī	تَكْتُبِي
3. m.	yaktub	يَكْتُبْ
3. f.	taktub	تَكْتُبْ

Plural		
1.	naktub	نَكْتُبْ
2. m.	taktubū	تَكْتُبُوا
2. f.	taktubna	تَكْتُبْنَ
3. m.	yaktubū	يَكْتُبُوا
3. f.	yaktubna	يَكْتُبْنَ

! Beachten Sie die Schreibweise mit وا bei der 2. und 3. Person Plural maskulin!

Für den Dual wird im Konjunktiv -ā angefügt. Der Dual für die 2. Person lautet in der männlichen und weiblichen Form gleich.

Dual im Jussiv

Dual		
2. m. u. f.	taktubā	تَكْتُبَا
3. m.	yaktubā	يَكْتُبَا
3. f.	taktubā	تَكْتُبَا

Zusammen mit der Negation lam لَمْ wird der Jussiv, der eigentlich ein Modus der Gegenwart ist, zur Verneinung des Perfekts verwendet:

er reiste nicht	lam yusāfir	لَمْ يُسَافِرْ
sie (m.) schrieben nicht	lam yaktubū	لَمْ يَكْتُبُوا
du (f.) hast nicht getrunken	lam taschrabī	لَمْ تَشْرَبِي

7.7 Der Imperativ فعلُ الأمر

Der Imperativ wird aus dem Präsensstamm gebildet und in der 2. Person Singular und in der 2. Person Plural verwendet.
Der Imperativ hat keine Präfixe. In vielen Fällen muss allerdings ein ▶ hamzat al-waṣl (Kap. 1.3) als Hilfsbuchstabe an den Wortanfang gestellt werden:

schreib! 'uktub اكْتُبْ!

Singular

Der Imperativ der 2. Person Singular maskulin besteht aus dem Stamm der Präsensformen:

Indikativ:	du (m.) erinnerst dich	tatadhakkaru	تَتَذَكَّرُ
Imperativ:	erinnere dich!	tadhakkar	تَذَكَّرْ!

Der Imperativ der 2. Person Singular feminin erhält wie beim Jussiv die Endung -ī:

Indikativ:	du (f.) erinnerst dich	tatadhakkarīna	تَتَذَكَّرِينَ
Imperativ:	erinnere dich!	tadhakkarī	تَذَكَّرِي!

Plural

Der Imperativ der 2. Person Plural maskulin wird -ū gesprochen, aber وا geschrieben:

Indikativ:	ihr (m.) erinnert euch	tatadhakkarūna	تَتَذَكَّرُونَ
Imperativ:	erinnert euch!	tadhakkarū	تَذَكَّروا!

Der Imperativ der 2. Person Plural feminin erhält wie im Indikativ Präsens die Endung -na:

Indikativ:	ihr (f.) erinnert euch	tatadhakkarna	تَتَذَكَّرْنَ
Imperativ:	erinnert euch!	tadhakkarna	تَذَكَّرْنَ!

7.8 Die Verneinung

Verneinung des Perfekts

Die Vergangenheit wird durch lam لَمْ + Jussiv verneint.
Obwohl der Jussiv ein Modus der Gegenwart ist, gibt er bei der Verneinung eine Zeit der Vergangenheit wieder:

er reiste nicht	lam yusāfir	لَمْ يُسَافِرْ
sie (m.) schrieben nicht	lam yaktubū	لَمْ يَكْتُبُوا
du (w.) hast nicht getrunken	lam taschrabī	لَمْ تَشْرَبِي

Verneinung im Präsens

Ein Verb im Indikativ Präsens wird mit lā لَا + Indikativ Präsens verneint:

wir reisen nicht	lā nusāfiru	لَا نُسَافِرُ
Ich mag dieses Buch nicht.	lā 'uḥibbu hādhā l-kitāba	لَا أُحِبُّ هٰذَا الْكِتَابَ.
er versteht nicht	lā yafhamu	لَا يَفْهَمُ

Der Konjunktiv wird mit lā لَا + Konjunktiv Präsens verneint:

Ich hoffe, dass du heute nicht reist.	'atamannā 'allā tusāfira l-yawm	أَتَمَنَّى أَلَّا تُسَافِرَ الْيَوْمَ.

Die Verbindung aus Konjunktivpartikel und Negation 'an lā لَا أَنْ wird meist verbunden zu 'allā أَلَّا:

Ich bitte dich, dies nicht mehr zu tun.	ardjū minka 'allā tafʿala hādhā marratan 'uchrā	أَرْجُو مِنْكَ أَلَّا تَفْعَلَ هٰذَا مَرَّةً أُخْرَى.

Verneinung der Zukunft

Die Zukunft wird durch lan لَنْ + Konjunktiv verneint:

wir werden nicht reisen	lan nusāfira	لَنْ نُسَافِرَ
er wird nicht schreiben	lan yaktuba	لَنْ يَكْتُبَ
ihr (m.) werdet nicht zurückkehren	lan tardjiʿū	لَنْ تَرْجِعُوا

7.9 Das Passiv

Das Passiv wird in der arabischen Sprache vor allem dann verwendet, wenn der Ausführende einer Handlung nicht bekannt ist. Nur die 3. Person Singular ist üblich, das Objekt des Aktivsatzes wird zum Subjekt des Passivsatzes:

Aktiv:	Das Mädchen hat **die Tür** geöffnet.	fataḥati l-bintu l-bāba	فَتَحَتِ الْبِنْتُ الْبَابَ.
Passiv:	**Die Tür** wurde geöffnet.	futiḥa l-bābu	فُتِحَ الْبَابُ.

Das Passiv wird durch Vokalverschiebung gebildet, die Wurzelkonsonanten bleiben unverändert.

Passiv der Vergangenheit

Im Passiv der Vergangenheitsform lautet die Vokalfolge
u (ـُ auf dem 1. Konsonanten) – i (ـِ auf dem 2. Konsonanten):

die Tür wurde geöffnet	futiḥa l-bābu	فُتِحَ الْبَابُ
der Brief wurde geschrieben	kutibati r-risālatu	كُتِبَتِ الرِّسَالَةُ
er wurde geliebt	'uḥibba	أُحِبَّ

Passiv der Gegenwart

In der Gegenwartsform lautet die Vokalfolge im Passiv
u (ـُ auf dem 1. Konsonanten) – a (ـَ auf dem 2. Konsonanten):

die Tür wird geöffnet	yuftaḥu l-bābu	يُفْتَحُ الْبَابُ
das Buch wird geschrieben	yuktabu l-kitābu	يُكْتَبُ الْكِتَابُ
der Brief wird geschickt	tursalu r-risālatu	تُرْسَلُ الرِسَالَةُ

8 Die Verbstämme

8.1 Die Bildung der Verbstämme

Aus den Wurzelkonsonanten können durch bestimmte Erweiterungen weitere Verben gebildet werden, die oft eine ähnliche Bedeutung wie das Verb im Grundstamm, mudjarrad مُجَرَّد, haben. Manche Verben haben auch abweichende Bedeutungen angenommen.
Die erweiterten Stämme, mazīd مَزِيد, folgen jeweils einem bestimmten Schema der Wortbildung. Insgesamt gibt es zehn Verbstämme. In der arabischen Grammatik werden die verschiedenen Verbformen mithilfe der Wurzel „machen" faʿala فَعَلَ dargestellt.

Vier Konjugationsmuster der zehn Verbstämme lassen sich unterscheiden:
- der 1. Verbstamm oder Grundstamm
- die erweiterten Verbstämme 2, 3, 4
- die erweiterten Verbstämme 5 und 6
- die erweiterten Verbstämme 7, 8, 9, 10

In der folgenden Tabelle ist die Bildungsweise aller zehn Verbstämme dargestellt, und zwar in der üblichen Grundform, der 3. Person Singular Maskulinum Perfekt. Der Verbstamm ist bei der Umschrift fettgedruckt, damit er auf einen Blick zu erkennen ist; nach dem Bindestrich werden die jeweiligen Perfektendungen angefügt.

▶ Kap. 7.2 Perfekt. Die übrigen Personen werden durch Anfügen der Perfektsuffixe gebildet.

! In der Praxis bildet jede Wortwurzel nie alle, sondern nur einige dieser zehn Verbstämme.

Die Verbstämme im Perfekt

Stamm	Kennzeichen		
1	mittlerer Vokal a	faʿ**al**-a	فَعَلَ
	mittlerer Vokal i	faʿ**il**-a	فَعِلَ
	mittlerer Vokal u	faʿ**ul**-a	فَعُلَ
2	2. Wurzelkons. verdoppelt	faʿʿal-a	فَعَّلَ
3	+ langes a nach 1. Wurzelkons.	**fā**ʿal-a	فَاعَلَ
4	+ kurzes a vor dem 1. Wurzelkons. + Vokaltilgung nach 1. Wurzelkons.	**ʾaf**ʿal-a	أَفْعَلَ
5	ta- + Stamm 2	**ta**faʿʿal-a	تَفَعَّلَ
6	ta- + Stamm 3	**tafā**ʿal-a	تَفَاعَلَ
7	ʾin- + Stamm 1	**ʾin**faʿal-a	اِنْفَعَلَ
8	ʾi- vor 1. Wurzelkons. + -t- nach 1. Wurzelkons.	**ʾifta**ʿal-a	اِفْتَعَلَ
9	ʾi- vor 1. Wurzelkons. + Vokaltilgung nach 1. Wurzelkons. + letzter Wurzelkons. verdoppelt	**ʾif**ʿ**all**-a	اِفْعَلَّ
10	ʾista- + Stamm 4	**ʾista**fʿal-a	اِسْتَفْعَلَ

In der folgenden Tabelle ist die Bildungsweise aller zehn Verbstämme in der 3. Person Singular Maskulinum Präsens dargestellt. Der Verbstamm ist bei der Umschrift zur besseren Kennzeichnung fettgedruckt, vor und nach dem Bindestrich werden die jeweiligen Präsensendungen angefügt.

▶ Kap. 7.3 Präsens. Die übrigen Personen werden durch Anfügen der Präfixe und Suffixe für das Präsens gebildet.

Die Verbstämme im Präsens

Stamm	Kennzeichen		
1	mittlerer Vokal a	ya-f**ʿal**-u	يَفْعَلُ
	mittlerer Vokal i	ya-f**ʿil**-u	يَفْعِلُ
	mittlerer Vokal u	ya-f**ʿul**-u	يَفْعُلُ
2	u-Präfix im Präsens, 2. Wurzelkons. verdoppelt, kurzes i vor dem 3. Wurzelkons.	yu-**faʿʿil**-u	يُفَعِّلُ
3	u-Präfix im Präsens, + langes a nach 1. Wurzelkons., kurzes i vor dem 3. Wurzelkons.	yu-**fāʿil**-u	يُفَاعِلُ
4	u-Präfix im Präsens, kurzes i vor dem 3. Wurzelkons.	yu-**fʿil**-u	يُفْعِلُ
5	ta- + Stamm 2, Vokalfolge a-a-a	ya-**tafaʿʿal**-u	يَتَفَعَّلُ
6	ta- + Stamm 3, Vokalfolge a-ā-a	ya-**tafāʿal**-u	يَتَفَاعَلُ
7	n- + Stamm 1, kurzes i vor dem 3. Wurzelkons.	ya-**nfaʿil**-u	يَنْفَعِلُ
8	+ -t- nach 1. Wurzelkons., kurzes i vor dem 3. Wurzelkons.	ya-**ftaʿil**-u	يَفْتَعِلُ
9	letzter Wurzelkons. verdoppelt	ya-**fʿall**-u	يَفْعَلُّ
10	sta- + Stamm 4, kurzes i vor dem 3. Wurzelkons.	ya-**stafʿil**-u	يَسْتَفْعِلُ

8.2 Gebrauch und Beispiele

Konjugation des Grundstamms

Alle Verben des 1. Stammes haben ein a in den **Vorsilben** des Präsens, zum Beispiel:

er schreibt	yaktubu	يَكْتُبُ
sie trinkt	taschrabu	تَشْرَبُ
ihr (m.) dankt	taschkurū	تَشْكُرُوا

Im Präsens gibt es nur einen Vokal zwischen den 3 Wurzelkonsonanten. Dieser Vokal kann i, u oder a sein.
Zum Beispiel:
Verb in der **Grundform**:

lernen	darasa	دَرَسَ
Wurzelkonsonanten:	d r s	د ر س

Im **Präsens**: Vokal **u** zwischen dem 2. und dem 3. Wurzelkonsonanten (Wk.)

wir lernen na + dr**u**s + u نَدْرُسُ

Präsensvorsilbe für die 1. Person Plural
+ d (1. Wk.) r (2. Wk.) **u** s (3. Wk.)
+ Präsensnachsilbe u

Die meisten Verben des 1. Stammes haben im Perfekt jeweils ein kurzes **a** nach dem 1. und nach dem 2. Wurzelkonsonanten.
Zum Beispiel:
Verb in der **Grundform**:

schreiben kataba كَتَبَ

Wurzelkonsonanten: k t b ك ت ب

Im **Perfekt**: Vokal a zwischen dem 1. und dem 2. und dem 2. und 3. Wk.

ihr (w.) schriebt katab + tunna كَتَبْتُنَّ

k (1. Wk.) a t (2. Wk.) a b (3. Wk.) + Perfektnachsilbe

Es gibt aber auch die Vokalfolgen a – u und a – i nach dem 1. und 2. Wurzelkonsonanten im Perfekt.

Am besten lernt man die Vokalfolge für das Präsens gleich für jedes neue Verb im Grundstamm mit. In der Regel geben Wörterbücher die Präsensvokale mit an.

Die folgenden Tabellen stellen alle verschiedenen Verbtypen des Grundstammes dar. Vor- und Nachsilben sind in der Umschrift zur besseren Unterscheidung mit Bindestrich vom Verbstamm getrennt.

Perfekt a – a, Präsens i

Perfekt		Präsens	
a – a		i	
faʿal-a	فَعَلَ	ya-fʿil-u	يَفْعِلُ

Beispiele:

Perfekt			Präsens		
sitzen	djalasa	جَلَسَ	er sitzt	yadjlisu	يَجْلِسُ
aussteigen	nazala	نَزَلَ	er steigt aus	yanzilu	يَنْزِلُ
tragen	ḥamala	حَمَلَ	er trägt	yaḥmilu	يَحْمِلُ

Perfekt a – a oder a – u, Präsens u

Perfekt		Präsens	
a – a		u	
faʿal-a	فَعَلَ	ya-**fʿul**-u	يَفْعُلُ
a – u		u	
faʿul-a	فَعُلَ	ya-**fʿul**-u	يَفْعُلُ

Beispiele:

Perfekt			Präsens		
hineingehen	dachala	دَخَلَ	er geht hinein	yadchulu	يَدْخُلُ
danken	schakara	شَكَرَ	er dankt	yaschkuru	يَشْكُرُ
lernen	darasa	دَرَسَ	er lernt	yadrusu	يَدْرُسُ

! **Eigenschaftsverben** haben als Ausnahmen im Perfekt die Vokalfolge **a – u** und bilden das Präsens auch mit **u**, zum Beispiel:

Perfekt			Präsens		
zahlreicher werden	kathura	كَثُرَ	er wird zahlreicher	yakthuru	يَكْثُرُ
größer werden	kabura	كَبُرَ	er wird größer	yakburu	يَكْبُرُ

Perfekt a – i, Präsens a

Perfekt		Präsens	
a – i		a	
faʿila	فَعِلَ	ya-**fʿal**-u	يَفْعَلُ

Beispiele:

Perfekt			Präsens		
einwilligen	qabila	قَبِلَ	er willigt ein	yaqbalu	يَقْبَلُ
trinken	schariba	شَرِبَ	er trinkt	yaschrabu	يَشْرَبُ
hören	samiʿa	سَمِعَ	er hört	yasmaʿu	يَسْمَعُ

Konjugation der erweiterten Stämme 2, 3 und 4

Alle Verben des zweiten Konjugationsmusters bilden im **Präsens** die **Vorsilben** mit dem kurzen Vokal u, z. B.:

3. Stamm		Perfekt	Präsens		
reisen	sāfara	سَافَرَ	er reist	yusāfiru	يُسَافِر

Die **Vokalfolge** innerhalb der Wurzelkonsonanten ist im **Perfekt** a – a, im **Präsens** a – i, z. B.:

2. Stamm		Perfekt	Präsens		
beschließen	qarrara	قَرَّر	er beschließt	yuqarriru	يُقَرِّر

! Im **4. Stamm** gibt es im Perfekt nur ein **a**, im Präsens nur ein **i** innerhalb der Wurzelkonsonanten, z. B.:

Perfekt			Präsens		
schicken	'arsala	أَرْسَلَ	er schickt	yursilu	يُرْسِل

Der **2. Verbstamm** hat häufig eine verstärkende oder eine kausative Bedeutung, z. B.:

1. Stamm			2. Stamm		
zerbrechen	kasara	كَسَرَ	in Stücke schlagen	kassara	كَسَّرَ

Verben im **3. Stamm** haben oft die Bedeutung, dass jemand etwas in Bezug auf eine andere Person tut, z. B.:

1. Stamm			3. Stamm		
glücklich sein	saʿida	سَعِدَ	helfen	sāʿada	سَاعَدَ

Verben im **4. Stamm** haben oft die Bedeutung, etwas geschehen zu machen, z. B.:

1. Stamm			4. Stamm		
bekannt werden	ʿalana	عَلَنَ	bekannt machen, veröffentlichen	'aʿlana	أَعْلَنَ

Konjugation der erweiterten Stämme 5 und 6

Kennzeichnend für den 5. und 6. Stamm ist die Erweiterung durch die **Vorsilbe** ta تَـ sowohl im Perfekt als auch im Präsens. Die Vokalfolge ist im Perfekt und im Präsens gleich. Sie lautet a – a – a im 5. Stamm und a – ā – a im 6. Stamm, z. B.:

5. Stamm		Perfekt	Präsens		
stehen bleiben	tawaqqafa	تَوَقَّفَ	er bleibt stehen	yatawaqqafu	يَتَوَقَّفُ
6. Stamm					
austauschen	tabādala	تَبَادَلَ	er tauscht aus	yatabādalu	يَتَبَادَلُ

Die Verben des 5. und 6. Stammes sind Reflexive zu den Verben des 2. und 3. Stamms:

2. Stamm			5. Stamm		
erzählen, berichten	ḥaddatha	حَدَّثَ	sich unterhalten	taḥaddatha	تَحَدَّثَ
3. Stamm			6. Stamm		
bekämpfen	qātala	قَاتَلَ	sich gegenseitig bekämpfen	taqātala	تَقَاتَلَ

Konjugation der erweiterten Stämme 7, 8, 9 und 10

Alle Verbstämme des letzten Konjugationsmusters sind gekennzeichnet durch den **Hilfsvokal i**, der vor die Perfektformen tritt. Die Vokalfolge im Perfekt lautet a – a, im Präsens a – i, z. B.:

8. Stamm		Perfekt	Präsens		
arbeiten	'ischtaġala	اِشْتَغَلَ	er arbeitet	yaschtaġilu	يَشْتَغِلُ
10. Stamm					
sich erkundigen	'istafsara	اِسْتَفْسَرَ	er erkundigt sich	yastafsiru	يَسْتَفْسِرُ

Die Verben des **7. Stamms** haben in der Regel reflexive oder passive Bedeutung, z. B.:

zerbrochen werden	'inkasara	انكَسَرَ
losgehen	'inṭalaqa	اِنْطَلَقَ

Die Verben des **8. Stammes** sind häufig Reflexive zum 1. Stamm, z. B.:

1. Stamm			8. Stamm		
sammeln	djamaʿa	جَمَعَ	sich treffen	'idjtamaʿa	اِجْتَمَعَ

Die Verben des **9. Stammes** bezeichnen das Eintreten eines Zustands, meist in Bezug auf Farben, z. B.:

erröten	ˈiḥmarra	اِحْمَرَّ
schwarz werden	ˈiswadda	اِسْوَدَّ

Die Verben des **10. Stammes** sind häufig reflexiv zu denen des 4. Stammes:

4. Stamm			10. Stamm		
betätigen	ˈaʿmala	أَعْمَلَ	verwenden, in Betrieb nehmen	ˈistaʿmala	اِسْتَعْمَلَ

9 Unregelmäßige Verben

Grundsätzlich werden die arabischen Verben regelmäßig konjugiert: An die Verbstämme treten die üblichen Perfekt- und Präsensendungen für die verschiedenen Personen im Singular und im Plural.
Unregelmäßigkeiten entstehen nur bei einer bestimmten Kombination von Wurzelkonsonanten, vor allem wenn einer der Wurzelkonsonanten wāw و oder yā' ي oder hamza ء ist. In diesen Fällen spricht man von Verben mit schwachen Wurzelkonsonanten.
Einige Verben haben nicht drei verschiedene Wurzelkonsonanten, sondern der zweite und dritte Wurzelkonsonant sind gleich. In diesem Fall spricht man von Verben mit verdoppeltem Wurzelkonsonanten oder von geminierten Verben. Auch bei ihrer Beugung müssen einige Besonderheiten beachtet werden.

9.1 Erster Wurzelkonsonant و

Wenn wāw و der erste Wurzelkonsonant eines Verbs ist, wird nur das Präsens des Grundstamms unregelmäßig gebildet. In allen Präsensformen entfällt das wāw و völlig. Die Perfektformen werden regelmäßig gebildet. Solche Verben werden auch Verben mit assimilierter Verbwurzel al-fiʿl al-mithāliy الفِعْل المِثَالِيّ genannt.

Einige häufig benutzte Verben, bei denen wāw و im Präsens wegfällt:

Grundform			Präsens		
finden	wadjada	وَجَدَ	er findet	yadjidu	يَجِدُ
Pflicht sein	wadjaba	وَجَبَ	es ist Pflicht	yadjibu	يَجِبُ
ankommen	waṣala	وَصَلَ	er kommt an	yaṣilu	يَصِلُ

Auch beim Imperativ entfällt wāw و, ein Hilfsvokal ist, anders als bei regelmäßigen Verben des Grundstamms, nicht nötig:

finde! djid جِدْ!

9.2 Zweiter Wurzelkonsonant و oder ي

Wāw و oder yā' ي als zweiter Wurzelkonsonant eines Verbs werden in einen kurzen oder langen Vokal verwandelt. Verben mit dem zweiten Wurzelkonsonanten wāw و oder yā' ي werden auch hohle Verben, al-fiʿl al-'adjwaf الفِعْل الأَجْوَف, genannt:

Verben mit wāw و

sagen	qāla	قَال	er sagt	yaqūlu	يَقُول
besuchen	zāra	زَار	er besucht	yazūru	يَزُور
aufstehen	qāma	قَام	er steht auf	yaqūmu	يَقُوم

Verben mit yā' ي

verkaufen	bāʿa	بَاع	er verkauft	yabīʿu	يَبِيع
fliegen	ṭāra	طَار	er fliegt	yaṭīru	يَطِير

Zu diesen Verben gehört auch

sein	kāna	كَان	er ist	yakūnu	يَكُون

Obwohl ▶ Nominalsätze (Kap. 5) in der Gegenwart ohne dieses Verb gebildet werden können, wird es für Sätze in der Vergangenheit und in der Zukunft benutzt.

Präsens

Im Präsens wird der lange Vokal der 3. Person Singular im Indikativ und im Konjunktiv gekürzt, wenn eine Personalendung mit Konsonant angefügt wird. Im Jussiv wird der Vokal bei allen endungslosen Formen gekürzt:

Zweiter Wurzelkonsonant و, Präsens, Beispiel „sagen" qāla قَال

Sing.	Präsens		Konjunktiv		Jussiv	
1.	'aqūlu	أَقُول	'aqūla	أَقُولَ	'aqul	أَقُلْ
2. m.	taqūlu	تَقُول	taqūla	تَقُولَ	taqul	تَقُلْ
2. f.	taqūlīna	تَقُولِين	taqūlī	تَقُولِي	taqūlī	تَقُولِي
3. m.	yaqūlu	يَقُول	yaqūla	يَقُولَ	yaqul	يَقُلْ
3. f.	taqūlu	تَقُول	taqūla	تَقُولَ	taqul	تَقُلْ

Plural						
1.	naqūlu	نَقُولُ	naqūla	نَقُولَ	naqul	نَقُلْ
2. m.	taqūlūna	تَقُولُونَ	taqūlū	تَقُولُوا	taqūlū	تَقُولُوا
2. f.	taqulna	تَقُلْنَ	taqulna	تَقُلْنَ	taqulna	تَقُلْنَ
3. m.	yaqūlūna	يَقُولُونَ	yaqūlū	يَقُولُوا	yaqūlū	يَقُولُوا
3. f.	yaqulna	يَقُلْنَ	yaqulna	يَقُلْنَ	yaqulna	يَقُلْنَ

! Wāw و wird häufig zum langen Vokal ū, aber manche Verben bilden die Präsensformen auch mit einem anderen Vokal, zum Beispiel mit ā:

fürchten chāfa خَافَ er fürchtet yachāfu يَخَافُ

Zweiter Wurzelkonsonant ي, Präsens, Beispiel „verkaufen" bāʿa بَاعَ

Sing.	Präsens		Konjunktiv		Jussiv	
1.	ʾabīʿu	أَبِيعُ	ʾabīʿa	أَبِيعَ	ʾabiʿ	أَبِعْ
2. m.	tabīʿu	تَبِيعُ	tabīʿa	تَبِيعَ	tabiʿ	تَبِعْ
2. f.	tabīʿīna	تَبِيعِينَ	tabīʿī	تَبِيعِي	tabīʿī	تَبِيعِي
3. m.	yabīʿu	يَبِيعُ	yabīʿa	يَبِيعَ	yabiʿ	يَبِعْ
3. f.	tabīʿu	تَبِيعُ	tabīʿa	تَبِيعَ	tabiʿ	تَبِعْ
Plural						
1.	nabīʿu	نَبِيعُ	nabīʿa	نَبِيعَ	nabiʿ	نَبِعْ
2. m.	tabīʿūna	تَبِيعُونَ	tabīʿū	تَبِيعُوا	tabīʿū	تَبِيعُوا
2. f.	tabiʿna	تَبِعْنَ	tabiʿna	تَبِعْنَ	tabiʿna	تَبِعْنَ
3. m.	yabīʿūna	يَبِيعُونَ	yabīʿū	يَبِيعُوا	yabīʿū	يَبِيعُوا
3. f.	yabiʿna	يَبِعْنَ	yabiʿna	يَبِعْنَ	yabiʿna	يَبِعْنَ

! Beim Konjunktiv wird der Vokal wie beim Indikativ Präsens nur in der 2. und 3. Person Plural gekürzt, und zwar sowohl bei Verben mit و als auch mit ي als zweitem Wurzelkonsonanten.

! Beim Imperativ wird der Vokal bei der 2. Person mask. Singular und bei der 3. Person fem. Plural gekürzt:

2. m. Sg.	sag!	qul	قُلْ!
2. f. Sg.		qūlī	قُولِي!
2. m. Pl.	sagt!	qūlū	قُولُوا!
2. f. Pl.		qulna	قُلْنَ!

Perfekt

Im Perfekt wird der zweite Wurzelkonsonant wāw و oder yā' ي in der Grundform, der 3. Person mask. Singular, immer zum langen Vokal ā ا. Dieser Vokal tritt auch in der 3. Person fem. Singular und der 3. Person mask. Plural auf. Bei allen anderen Personen wird der Vokal gekürzt, weil ihre Perfektendungen mit einem Konsonanten beginnen.

! – Im Grundstamm wird ā ا verkürzt zu u ـُ, wenn das Präsens mit ū و gebildet wird:

yaqūlu (er sagt) يَقُولُ   qāla (er sagte) قَالَ   qultu (ich sagte) قُلْتُ

– Im Grundstamm wird ā ا verkürzt zu i ـِ, wenn das Präsens mit ā ا oder ī ي gebildet wird:

yabīʿu (er verkauft)	يَبِيعُ	bāʿa (er verkaufte)	بَاعَ	biʿtu (ich verkaufte)	بِعْتُ
yachāfu (er fürchtet)	يَخَافُ	chāfa (er fürchtete)	خَافَ	chiftu (ich fürchtete)	خِفْتُ

– In den erweiterten Stämmen 4, 8 und 10 wird das ā ا der Grundform im Perfekt immer verkürzt zu a ـَ:

4. Stamm	'arāda (er wollte)	أَرَادَ	'aradtu (ich wollte)	أَرَدْتُ
8. Stamm	'ichtāra (er wählte)	اِخْتَارَ	'ichtartu (ich wählte)	اِخْتَرْتُ
10. Stamm	'istaṭāʿa (ich konnte)	اِسْتَطَاعَ	'istaṭaʿtu (ich konnte)	اِسْتَطَعْتُ

Die Konjugation im Perfekt im Überblick am Beispiel der Verben „sagen" qāla قَالَ und „verkaufen" bāʿa بَاعَ:

Zweiter Wurzelkonsonant و oder ي, Perfekt

Sing.				
1.	qultu	قُلْتُ	biʿtu	بِعْتُ
2. m.	qulta	قُلْتَ	biʿta	بِعْتَ
2. f.	qulti	قُلْتِ	biʿti	بِعْتِ
3. m.	qāla	قَالَ	bāʿa	بَاعَ
3. f.	qālat	قَالَتْ	bāʿat	بَاعَتْ
Plural				
1.	qulnā	قُلْنَا	biʿnā	بِعْنَا
2. m.	qultum	قُلْتُمْ	biʿtum	بِعْتُمْ
2. f.	qultunna	قُلْتُنَّ	biʿtunna	بِعْتُنَّ
3. m.	qālū	قَالُوا	bāʿū	بَاعُوا
3. f.	qulna	قُلْنَ	biʿna	بِعْنَ

Für das Nachschlagen in einem nach Wurzeln angeordneten Wörterbuch ist immer der ursprüngliche Wurzelkonsonant entscheidend. „Sagen" qāla قال ist also unter q w l ل و ق zu finden!

9.3 Dritter Wurzelkonsonant و oder ي

Verben, deren letzter Wurzelkonsonant wāw و oder yā' ي ist, weisen die meisten Unregelmäßigkeiten auf. Diese Verben werden auch Verben mit defektiver Verbwurzel al-fiʿl an-nāqiṣ الفِعْل النَّاقِص genannt, weil die schwachen Wuzelbuchstaben nicht nur unterschiedliche Formen annehmen, sondern auch ganz verschwinden können. In der Regel wird wāw و oder yā' ي bei diesen Verben aber zu einem langen Vokal anstelle des dritten Wurzelkonsonanten.

Ist der dritte Wurzelkonsonant wāw و und das Verb endet im Präsens auf ū, so endet die Grundform im Perfekt auf 'alif ṭawīla أَلِف طَوِيلَة:

Perfekt			Präsens		
einladen	daʿā	دَعَا	er lädt ein	yadʿū	يَدْعُو

Ist der dritte Wurzelkonsonant yā' ي, so endet die Grundform im Perfekt auf yā' ي oder auf 'alif maqṣūra أَلِف مَقْصُورَة:

Perfekt			Präsens		
vergessen	nasiya	نَسِيَ	er vergisst	yansā	يَنْسَى
gehen	maschā	مَشَى	er geht	yamschī	يَمْشِي

Präsens

Im Präsens enden defektive Verben auf ā, ī oder ū. In einigen Personen wird der lange Vokal gekürzt oder als Konsonant verwendet. Die folgenden Tabellen zeigen jeweils die komplette Konjugation im Präsens für ein Beispielverb.

Grundstamm Präsens auf ī, Beispiel „bauen" banā بَنَى, yabnī يَبْنِي

Sing.	Präsens		Konjunktiv		Jussiv	
1.	'abnī	أَبْنِي	'abniya	أَبْنِيَ	'abni	أَبْنِ
2. m.	tabnī	تَبْنِي	tabniya	تَبْنِيَ	tabni	تَبْنِ
2. f.	tabnīna	تَبْنِينَ	tabnī	تَبْنِي	tabnī	تَبْنِي
3. m.	yabnī	يَبْنِي	yabniya	يَبْنِيَ	yabni	يَبْنِ
3. f.	tabnī	تَبْنِي	tabniya	تَبْنِيَ	tabni	تَبْنِ
Plural						
1.	nabnī	نَبْنِي	nabniya	نَبْنِيَ	nabni	نَبْنِ
2. m.	tabnūna	تَبْنُونَ	tabnū	تَبْنُوا	tabnū	تَبْنُوا
2. f.	tabnīna	تَبْنِينَ	tabnīna	تَبْنِينَ	tabnīna	تَبْنِينَ
3. m.	yabnūna	يَبْنُونَ	yabnū	يَبْنُوا	yabnū	يَبْنُوا
3. f.	yabnīna	يَبْنِينَ	yabnīna	يَبْنِينَ	yabnīna	يَبْنِينَ

Beim Indikativ Präsens lauten die 2. Person feminin im Singular und Plural gleich. Die 2. Person fem. Plural und die 3. Person fem. Plural lauten im Indikativ, Konjunktiv und Jussiv gleich.

Grundstamm Präsens auf ū, Beispiel „einladen" daʿā دَعَى, yadʿū يَدْعُو

Sing.	Präsens		Konjunktiv		Jussiv	
1.	'adʿū	أَدْعُو	'adʿuwa	أَدْعُوَ	'adʿu	أَدْعُ
2. m.	tadʿū	تَدْعُو	tadʿuwa	تَدْعُوَ	tadʿu	تَدْعُ
2. f.	tadʿīna	تَدْعِينَ	tadʿī	تَدْعِي	tadʿī	تَدْعِي
3. m.	yadʿū	يَدْعُو	yadʿuwa	يَدْعُوَ	yadʿu	يَدْعُ
3. f.	tadʿū	تَدْعُو	tadʿuwa	تَدْعُوَ	tadʿu	تَدْعُ
Plural						
1.	nadʿū	نَدْعُو	nadʿuwa	نَدْعُوَ	nadʿu	نَدْعُ
2. m.	tadʿūna	تَدْعُونَ	tadʿū	تَدْعُوا	tadʿū	تَدْعُوا
2. f.	tadʿūna	تَدْعُونَ	tadʿūna	تَدْعُونَ	tadʿūna	تَدْعُونَ
3. m.	yadʿūna	يَدْعُونَ	yadʿū	يَدْعُوا	yadʿū	يَدْعُوا
3. f.	yadʿūna	يَدْعُونَ	yadʿūna	يَدْعُونَ	yadʿūna	يَدْعُونَ

Beim Indikativ Präsens unterscheiden sich die maskulinen und femininen Formen der 2. und der 3. Person Plural nicht. Die 2. Person fem. Plural und die 3. Person fem. Plural lauten im Indikativ, Konjunktiv und Jussiv gleich. Verben, bei denen das Präsens auf ū endet, kommen nur im Grundstamm vor.

Grundstamm Präsens auf ā, Beispiel „vergessen" nasiya نَسِيَ, yansā يَنْسَى

Sing.	Präsens		Konjunktiv		Jussiv	
1.	'ansā	أَنْسَى	'ansā	أَنْسَى	'ansa	أَنْسَ
2. m.	tansā	تَنْسَى	tansā	تَنْسَى	tansa	تَنْسَ
2. f.	tansayna	تَنْسَيْنَ	tansay	تَنْسَيْ	tansay	تَنْسَيْ
3. m.	yansā	يَنْسَى	yansā	يَنْسَى	yansa	يَنْسَ
3. f.	tansā	تَنْسَى	tansā	تَنْسَى	tansa	تَنْسَ

Plural						
1.	nansā	نَنْسَى	nansā	نَنْسَى	nansa	نَنْسَ
2. m.	tansawna	تَنْسَوْنَ	tansaw	تَنْسَوْا	tansaw	تَنْسَوْا
2. f.	tansayna	تَنْسَيْنَ	tansayna	تَنْسَيْنَ	tansayna	تَنْسَيْنَ
3. m.	yansaw-na	يَنْسَوْنَ	yansaw	يَنْسَوْا	yansaw	يَنْسَوْا
3. f.	yansayna	يَنْسَيْنَ	yansayna	يَنْسَيْنَ	yansayna	يَنْسَيْنَ

Die 2. Person fem. Plural und die 3. Person fem. Plural lauten im Indikativ, Konjunktiv und Jussiv gleich.

Perfekt

Im Perfekt wird der lange Vokal vor Endungen, die mit einem Konsonanten beginnen, zu aw oder ay.

Perfekt, Beispiele „bauen" banā, „einladen" daʿā, „vergessen" yansā

Sing.						
1.	banaytu	بَنَيْتُ	daʿawtu	دَعَوْتُ	nasītu	نَسِيتُ
2. m.	banayta	بَنَيْتَ	da'awta	دَعَوْتَ	nasīta	نَسِيتَ
2. f.	banayti	بَنَيْتِ	daʿawti	دَعَوْتِ	nasīti	نَسِيتِ
3. m.	banā	بَنَى	daʿā	دَعَا	nasiya	نَسِيَ
3. f.	banat	بَنَتْ	daʿat	دَعَتْ	nasiyat	نَسِيَتْ
Plural						
1.	banaynā	بَنَيْنَا	daʿawnā	دَعَوْنَا	nasīnā	نَسِينَا
2. m.	banaytum	بَنَيْتُمْ	daʿawtum	دَعَوْتُمْ	nasītum	نَسِيتُمْ
2. f.	banaytunna	بَنَيْتُنَّ	daʿawtunna	دَعَوْتُنَّ	nasītunna	نَسِيتُنَّ
3. m.	banaw	بَنَوا	daʿaw	دَعَوا	nasū	نَسُوا
3. f.	banayna	بَنَيْنَ	daʿawna	دَعَوْنَ	nasīna	نَسِينَ

Die Perfektformen der erweiterten Stämme werden wie banā بَنَى konjugiert.

9.4 Zweiter Wurzelkonsonant verdoppelt

Bei manchen Verbwurzeln entsprechen sich 2. und 3. Wurzelkonsonant, man spricht von Verben mit verdoppeltem Wurzelkonsonanten oder von geminierten Verben. Diese Verben werden al-fiˁl al-muḍaˁaf الفِعْل المُضَعَّف genannt, verdoppelte Verbwurzel. Die Verdopplung wird durch schadda ـّـ auf dem 2. Konsonanten dargestellt:

antworten	radda	رَدَّ
erfreuen	sarra	سَرَّ
wollen	wadda	وَدَّ
zeigen	dalla	دَلَّ

Diese Verben werden regelmäßig konjugiert. Zu beachten ist aber, dass der 2. und 3. Wurzelkonsonant nur dann zusammengeschrieben werden, wenn ein kurzer oder langer Vokal auf den 3. Wurzelkonsonanten folgt. Dies ist bei den meisten Formen im Präsens der Fall.
Wenn dagegen eine konsonantische Endung antritt, werden der 2. und der 3. Wurzelkonsonanten wie bei regelmäßigen Verben getrennt geschrieben. Das ist für die meisten Formen im Perfekt der Fall.

Präsens und Perfekt, Beispiel „antworten" radda

Sing.	Präsens		Perfekt	
1.	yaruddu	يَرُدُّ	radadtu	رَدَدْتُ
2. m.	taruddu	تَرُدُّ	radadta	رَدَدْتَ
2. f.	taruddīna	تَرُدِّين	radadti	رَدَدْتِ
3. m.	yaruddu	يَرُدُّ	radda	رَدَّ
3. f.	taruddu	تَرُدُّ	raddat	رَدَّت
Plural				
1.	naruddu	نَرُدُّ	radadnā	رَدَدْنا
2. m.	taruddūna	تَرُدُّون	radadt-um	رَدَدْتُم
2. f.	tardudna	تَرْدُدْنَ	radadt-unna	رَدَدْتُنَّ
3. m.	yaruddūna	يَرُدُّونَ	raddū	رَدُّوا
3. f.	yardudna	يَرْدُدْنَ	radadna	رَدَدْنَ

9.5 Wurzelkonsonant ء

Einige Besonderheiten gelten auch für die Konjugation von Verben, bei denen einer der Wurzelkonsonanten hamza ء ist. Solche Verben werden al-fiʿl al-mahmūz الفِعْل المَهْمُوز genannt.

Erster Wurzelkonsonant ء

Ist hamza ء der erste Wurzelkonsonant, wird bei der 1. Person Singular die Präsensvorsilbe 'a ا mit dem 'a ا der Grundform verbunden zu madda مَدَّة.

▶ Kap. 1.2 Besonderheiten des Alif

Die anderen Personen werden regelmäßig gebildet.

Grundform			1. Pers. Sing.		3. Pers. Sing. m.	
nehmen	'achadha	أَخَذَ	'āchudhu	آخُذُ	ya'chudhu	يَأْخُذُ
essen	'akala	أَكَلَ	'ākulu	آكُلُ	ya'kulu	يَأْكُلُ
hoffen	'amala	أَمَلَ	'āmulu	آمُلُ	ya'mulu	يَأْمُلُ
befehlen	'amara	أَمَرَ	'āmuru	آمُرُ	ya'muru	يَأْمُرُ

Zweiter oder dritter Wurzelkonsonant ء

Wenn hamza ء zweiter oder dritter Wurzelkonsonant ist, muss beachtet werden, dass dieser Konsonant mit unterschiedlichen Hamzaträgern geschrieben werden kann. Die Schreibweise hängt von der vokalischen Umgebung von hamza ء ab.

▶ Kap. 1.3 Hamza

Grundform			Präsens	
fragen	sa'ala	سَأَلَ	yas'alu	يَسْأَلُ
zögern	baṭu'a	بَطُؤَ	yabṭu'u	يَبْطُؤُ
müde sein	sa'ima	سَئِمَ	yas'amu	يَسْأَمُ

9.6 Mehrere unregelmäßige Wurzelkonsonanten

Zwar weisen nur wenige Verben mehr als eine Unregelmäßigkeit auf, aber gerade einige besonders häufig gebrauchte Verben fallen in diese Gruppe. Insbensondere im Präsens ist die Konjugation unregelmäßig.

Die Konjugation der beiden unregelmäßigen Verben „kommen“ djā'a جَاءَ und „sehen“ ra'ā رَأَى wird in den folgenden Tabellen dargestellt.

„sehen" ra'ā yarā

Sing.	Präsens		Jussiv		Perfekt	
1.	'arā	أَرَى	'ara	أَرَ	ra'aytu	رَأَيْتُ
2. m.	tarā	تَرَى	tara	تَرَ	ra'ayta	رَأَيْتَ
2. f.	tarayna	تَرَيْنَ	taray	تَرَيْ	ra'ayti	رَأَيْتِ
3. m.	yarā	يَرَى	yara	يَرَ	ra'ā	رَأَى
3. f.	tarā	تَرَى	tara	تَرَ	ra'at	رَأَت
Plural						
1.	narā	نَرَى	nara	نَرَ	ra'aynā	رَأَيْنَا
2. m.	tarawna	تَرَوْنَ	taraw	تَرَوا	ra'aytum	رَأَيتُم
2. f.	tarayna	تَرَيْنَ	tarayna	تَرَيْنَ	ra'aytunna	رَأَيْتُنَّ
3. m.	yarawna	يَرَوْنَ	yaraw	يَرَوا	ra'aw	رَأَوا
3. f.	yarayna	يَرَيْنَ	yarayna	يَرَيْنَ	ra'ayna	رَأَيْنَ

„kommen" djā'a yadjī'

Sing.	Präsens		Jussiv		Perfekt	
1.	'adjī'u	أَجِيءُ	'adji'	أَجِئْ	dji'tu	جِئْتُ
2. m.	tadjī'u	تَجِيءُ	tadji'	تَجِئْ	dji'ta	جِئْتَ
2. f.	tadjī'īna	تَجِيئِينَ	tadjī'ī	تَجِيئِي	dji'ti	جِئْتِ
3. m.	yadjī'u	يَجِيءُ	yadji'	يَجِئْ	djā'a	جَاءَ
3. f.	tadjī'u	تَجِيءُ	tadji'	تَجِئْ	djā'at	جَاءَت
Plural						
1.	nadjī'u	نَجِيءُ	nadji'	نَجِئْ	dji'nā	جِئْنَا
2. m.	tadjī'ūna	تَجِيئُونَ	tadjī'ū	تَجِيئُوا	dji'tum	جِئْتُم
2. f.	tadji'na	تَجِئْنَ	tadji'na	تَجِئْنَ	dji'tunna	جِئْتُنَّ
3. m.	yadjī'ūna	يَجِيئُونَ	yadjī'ū	يَجِيئُوا	djā'ū	جَاؤُوا
3. f.	yadji'na	يَجِئْنَ	yadji'na	يَجِئْنَ	dji'na	جِئْنَ

10 Verbalsatz
الجُمْلَة الفِعْلِيَّة

Anders als ▶ Nominalsätze (Kap. 5) haben Verbalsätze ein Verb als Prädikat. Ein allein stehendes Subjekt (ein Substantiv oder Pronomen) ist in einem arabischen Verbalsatz al-djumla al-fiʿliyya الجُمْلَة الفِعْلِيَّة nicht nötig, weil sich das Subjekt im Präfix oder im Suffix des konjugierten Verbs ausdrückt:

Subjekt	Prädikat		Subj.+Präd.
Ich	bin gereist.	sāfartu	سَافَرْتُ
Du (m.)	hast geschlafen.	nimta	نِمْتَ
Ihr (m.)	wart erfolgreich.	nadjaḥtum	نَجَحْتُم

Wenn es im arabischen Verbalsatz ein allein stehendes Subjekt gibt, steht das Verb unmittelbar vor dem Subjekt:

Subjekt	Prädikat		Subj.	Präd.
Das Baby	hat geschlafen.	nāma ṭ-ṭiflu	الطِّفْلُ.	نَامَ
Das Mädchen	war erfolgreich.	nadjaḥati l-bintu	البِنْتُ.	نَجَحَتِ
Der Hund	hat gebellt.	nabaḥa l-kalbu	الكَلْبُ.	نَبَحَ

! Vor einem eigenständigen Subjekt im Plural steht das Verb in der 3. Person Singular. Es stimmt mit dem Subjekt nur im Genus, nicht in der Zahl überein:

Subj. Pl., Präd. Pl.	Subj. Pl., Präd. Sg.	
Die Studenten arbeiten.	yaschtaġilu ṭ-ṭullābu	يَشْتَغِلُ الطُّلَّابُ.
Die Studentinnen arbeiten.	taschtaġilu ṭ-ṭālibātu	تَشْتَغِلُ الطَّالِبَاتُ.

Bei transitiven Verben folgt das direkte Objekt auf das eigenständige Subjekt bzw. auf das Prädikat mit suffigiertem Subjekt:

Die Passagiere bestiegen das Flugzeug.	rakiba l-musāfirūna ṭ-ṭāʾirata	رَكِبَ المُسَافِرُونَ الطَّائِرَةَ.
Ich habe ein Buch gelesen.	qaraʾtu kitāban	قَرَأْتُ كِتَاباً.
Du hast ein Hemd gekauft.	ischtarayta qamīṣan	اِشْتَرَيْتَ قَمِيصاً.

Verbalsätze können durch Adverbial- oder Präpositionalphrasen ergänzt werden:

Ich bin nach Indien gereist.	sāfartu ʾilā l-hind	سَافَرْتُ إِلَى الهِنْد.
Du (m.) hast im Sitzen (wörtl.: sitzend) geschlafen.	nimta djālisan	نِمْتَ جَالِساً.
Ihr wart erfolgreich im Projekt.	nadjaḥtum fi l-maschrūʿi	نَجَحْتُم فِي المَشْرُوعِ.

11 Fragepronomen und Fragesätze

Fragesätze werden in der Regel mit einem Fragepronomen gebildet, das dem Aussagesatz vorangestellt wird, also am Satzanfang steht. Ansonsten bleibt die Wortstellung gegenüber dem Aussagesatz unverändert.

11.1 Unveränderliche Fragepronomen

Fragepartikel هَلْ und أ

Die Fragepartikel hal هَلْ macht einen Aussagesatz zur Entscheidungsfrage. Sie wird nicht übersetzt:

Hast du im Sitzen geschlafen?	hal nimta djālisan	هَلْ نِمْتَ جَالِسًا؟
War das Mädchen erfolgreich?	hal nadjaḥati l-bintu	هَلْ نَجَحَتِ الْبِنْتُ؟

Ebenso wird die Fragepartikel ʾa أ gebraucht. Sie wird mit dem folgenden Wort zusammengeschrieben:

Ist dies Hala?	ʾa-hādhihi hāla?	أَهَذِهِ هَالَة؟

Vor dem bestimmten Artikel darf in Entscheidungsfragen nur hal هَلْ verwendet werden.

wer مَنْ

Das Fragepronomen „wer" man مَنْ kann Subjekt oder Objekt einer Frage sein:

Wer bist du (m.)?	man ʾanta	مَنْ أَنْتَ؟
Wen habt ihr getroffen?	mani ltaqaytum	مَنِ الْتَقَيْتُمْ؟
Wem hast du (m.) das Buch gegeben?	man ʾaʿṭayta l-kitāba	مَنْ أَعْطَيْتَ الْكِتَابَ؟

Vor dem Artikel erhält man مَنْ den Hilfsvokal i und wird zu mani مَنِ.

was مَا, مَاذَا

Nach „was" wird im Arabischen mit mā مَا oder mit mādhā مَاذَا gefragt. Die Fragepronomen können Subjekt oder Objekt einer Frage sein. Mā مَا wird meist als Subjekt verwendet, mādhā مَاذَا hauptsächlich mit Verben:

Was ist passiert?	mādhā ḥadatha	مَاذَا حَدَثَ؟
Was ist dein (m.) Name?	mā smuka	مَا اسْمُكَ؟
Was haben sie gegessen?	mādhā ʾakalū	مَاذَا أَكَلُوا؟

wo أَيْنَ

Das Fragepronomen „wo“ ʾayna أَيْنَ ist immer unveränderlich, auch wenn es auf eine Präposition folgt:

Wo ist mein blaues Hemd?	ʾayna qamīṣī ʾal-ʾazraq	أَيْنَ قَمِيصِي الأَزْرَق؟
Woher (= von wo) kommst du (m.)?	min ʾayna ʾanta	مِنْ أَيْنَ أَنْتَ؟

wann مَتَى

Auch das Fragepronomen „wann“ matā مَتَى ist immer unveränderlich, auch wenn es auf eine Präposition folgt:

Wann sollen wir uns treffen?	matā naltaqī	مَتَى نَلْتَقِي؟
Von wann bis wann?	min matā ʾilā matā	مِنْ مَتَى إِلَى مَتَى؟

wie كَيْفَ

Das Fragewort „wie“ kayfa كَيْفَ endet immer auf fatḥa ـَـ:

Wie geht es dir (m.)?	kayfa ḥāluka	كَيْفَ حَالُكَ؟
Wie war das Essen?	kayfa kāna ṭ-ṭaʿāmu	كَيْفَ كَانَ الطَّعَامُ؟

wie viel كَم

„Wie viel“ kam كَمْ ist ebenfalls unveränderlich. Je nach Bedeutungszusammenhang ändern sich jedoch Numerus, Status und Kasus des nachgestellten Substantivs. Auf kam كَمْ im Sinne von „wie viel“ folgt ein unbestimmtes Substantiv im Akkusativ Singular. Auf kam كَمْ im Sinne von „wie viel ist“ folgt ein bestimmtes Substantiv im Nominativ:

Wie viele Bücher hast du?	kam kitāban ʿindaka	كَمْ كِتاباً عِنْدَكَ؟
Wie alt bist du (m.)? (wörtl.: Wie viel ist dein Alter?)	kam ʿumruka	كَمْ عُمْرُكَ؟

warum لِمَاذَا

Das Fragewort „warum, wofür“ li-mādhā لِمَاذَا setzt sich zusammen aus der Präposition „für“ li- لِ und dem Fragepronomen „was“ mādhā مَاذَا:

Warum verspätet sich der Lehrer?	li-mādhā taʾachchara l-muʿallimu	لِمَاذَا تَأَخَّرَ المُعَلِّمُ؟
Warum streiken sie?	li-mādhā yataẓāharūna	لِمَاذَا يَتَظَاهَرُونَ؟

11.2 Veränderliche Fragepronomen

welcher أَيٌّ

Das Fragepronomen „welcher, welches" 'ayyu أَيٌّ und die weibliche Form „welche" 'ayyatu أَيَّةُ beziehen sich auf Substantive. Sie können Subjekt oder Objekt einer Frage sein. Das Pronomen ändert seine Form je nach Genus und muss auch im Kasus angepasst werden. Das Substantiv, das auf 'ayyu أَيٌّ oder 'ayyatu أَيَّةُ folgt, steht im Genitiv:

Welchen Kuchen haben sie (m.) gegessen?	'ayyu kaʿkin 'akalū	أَيُّ كَعْكٍ أَكَلُوا؟
Welche Zeitschrift hast du (m.) gelesen?	'ayyatu madjallatin qara'ta	أَيَّةُ مَجَلَةٍ قَرَأتَ؟
Aus welchem Land kommt sie?	min 'ayyi baladin hiya	مِنْ أَيِّ بَلَدٍ هِيَ؟

12 Präpositionen
حُرُوف الجَرّ

Präpositionen beeinflussen den Kasus des nachfolgenden Wortes. Sie treten hauptsächlich in Verbindung mit Substantiven und Pronomen auf. Arabische Präpositionen verlangen grundsätzlich den Genitiv. Es gibt Präpositionen mit einem, mit zwei oder mit drei Buchstaben. Präpositionen, die nur aus einem einzigen Buchstaben bestehen, werden immer mit dem folgenden Wort zusammengeschrieben.

! Im Arabischen können nie zwei Präpositionen unmittelbar hintereinander stehen.

bi- بِ

Die Präposition „an, neben, mit, durch" bi بـ drückt vor allem die Art und Weise einer Handlung aus. Sie wird grundsätzlich mit dem folgenden Substantiv oder Pronomen zusammengeschrieben:

Das Problem wird mit friedlichen Mitteln gelöst.	ḥullati l-muschkilatu bi-ṭarīqatin silmiyyatin	حُلَّتِ الْمُشْكِلَةُ بِطَرِيقَةٍ سِلْمِيَّةٍ.
Setz dich neben mich!	ʾidjlis bidjānibī	اِجْلِسْ بِجَانِبِي!
ein Student an der Universität von Damaskus	ṭālibun bi-djāmiʿati dimaschq	طَالِبٌ بِجَامِعَةِ دِمَشْق

li- لِ

Die Präposition „für, um zu, aus, wegen" li- لـ drückt Absicht und Ursache aus. Sie wird grundsätzlich mit dem folgenden Substantiv oder Pronomen zusammengeschrieben:

Ich strenge mich an, um zu bestehen.	ʾadjtahidu li-ʾandjaḥa	أَجْتَهِدُ لِأَنْجَحَ.
Er hat aus unklaren Gründen gekündigt.	ʾistaqāla li-ʾasbābin ġāmiḍatin	اِسْتَقَالَ لِأَسْبَابٍ غَامِضَةٍ.

! Geht li- لِ dem bestimmten Artikel voraus, so entfällt das ا des Artikels:

die Frau	al-marʾatu	الْمَرْأَةُ
für die Frau	li-l-marʾati	لِلْمَرْأَةِ

Mithilfe der Präposition li- لِ kann auch der Genitiv ausgedrückt werden:

ein Buch von mir	kitābun lī	كِتَابٌ لِي
ein Auto von dir (m.)	sayyāratun laka	سَيَّارَةٌ لَكَ

! Vor einem angehängten Personalpronomen wird li- لِ zu la- لَ!

Die Präposition li- لِ kann auch im Sinne des deutschen Verbs haben gebraucht werden:

Das Haus hat einen Hintereingang.	li-l-bayti bābun chalfiyyun	لِلْبَيْتِ بَابٌ خَلْفِيٌّ.
Die Lehrerin hat ein Buch.	li-l-muʿallimati kitābun	لِلْمُعَلِّمَةِ كِتَابٌ.

„Haben" im Sinne von „besitzen" kann auch durch „bei" ʿinda عِنْدَ ausgedrückt werden:

Ich habe eine Idee.	ʿindī fikra	عِنْدَي فِكْرَة.
Hast du morgen Zeit?	hal ʿindaka waqtun ġadan	هَلْ عِنْدَكَ وَقْتٌ غَدًا؟

„Haben" im Sinne von „bei sich haben" kann auch durch „(zusammen) mit" maʿa مَعَ ausgedrückt werden:

Hast du eine Eintrittskarte?	Hal maʿaka biṭāqata duchulin	هَلْ مَعَكَ بِطَاقَةَ دُخُولٍ؟
Ich möchte einen Kaffee mit Milch trinken.	ˈurīdu ˈan ˈaschraba qahwatan maʿal- ḥalīb	أُرِيدُ أن أَشْرَبَ قَهْوَةً مَعَ الحَلِيب.

ka- كَ

Die Präposition „wie, als" ka- كَ wird bei Vergleichen verwendet und drückt eine Funktion aus. Sie kann nur in Verbindung mit eigenständigen Personalpronomen oder mit Demonstrativpronomen stehen, nicht aber mit angehängten Personalpronomen.

Du (f.) bist wie die strahlende Sonne.	ˈanti kasch-schamsi fī ḍ-ḍiyāˈi	أَنْتِ كَالشَّمْسِ فِي الضِّيَاءِ.
Dieser Mann arbeitet als Lehrer.	hādhar-radjulu yaˈmalu ka-mudarrisin	هَذَا الرَّجُلُ يَعْمَلُ كَمُدَرِّسٍ.

min مِنْ

Die Präposition „von" min مِنْ wird richtungsbezogen verwendet und bei Vergleichen mit einem ▶ Adjektiv im Komparativ (Kap. 4.3). Darüber hinaus drückt sie Quantität oder Material einer Sache aus:

Dieses Hemd ist billiger als jenes.	hādha l-qamīsu ˈarchaṣu min dhāka.	هَذَا القَمِيصُ أَرْخَصُ مِن ذَاكَ.
Woher (= von wo) bist du (m.) gekommen?	min ˈayna djiˈta	مِنْ أَيْنَ جِئتَ؟
Ist er einer der Studenten?	hal huwa mina ṭ-ṭalabati	هَلْ هُوَ مِنَ الطَّلَبَةِ؟

Dieser Pullover ist aus Wolle.	hādhihi l-kanzatu ṣuniʿat mina ṣ-ṣūfi	هَذِهِ الكَنْزَةُ صُنِعَت مِنَ الصُّوفِ.

min مِنْ endet mit sukūn ـْ. Vor dem bestimmten Artikel al- ال muss fatḥa ـَ als Hilfsvokal eingeschoben werden.

fī فِي

Die Präposition „in“ fī فِي drückt Ort oder Zeit aus und steht auch im Sinne von „über“.

Der Saft ist im Kühlschrank.	al-ʿaṣīru fi th-thallādjati	العَصِيرُ فِي الثَّلَّاجَةِ.
Wir treffen uns um 6 Uhr.	naltaqī fi s-sāʿati s-sādisati	نَلْتَقِي فِي السَاعَةِ السَادِسَةِ.
Wir haben über das Thema gesprochen.	taḥaddathnā fī hādha l-mawḍūʿi	تَحَدَّثْنَا فِي هَذَا المَوضُوعِ.

ʿan عَنْ

Die wichtigsten Bedeutungen von ʿan عَنْ sind „auf“ (richtungsbezogen) und „von“.

Das Museum ist auf der rechten Seite.	al-matḥafu ʿan yamīnika	المَتْحَفُ عَنْ يَمِينِكَ.
Erzähl uns von deiner Reise nach Deutschland.	ʾachbirnā ʿan safarika ʾilā ʾalmāniyā	أَخْبِرْنَا عَنْ سَفَرِكَ إِلَى أَلْمَانِيَا.

ʿalā عَلَى

Die Präposition ʿalā عَلَى bedeutet „auf“ und „mit“.

Er schläft auf dem Bett.	huwa nāʾimun ʿala s-sarīri	هُوَ نَائِمٌ عَلَى السَّرِيرِ.
Friede sei mit euch.	ʾas-salāmu ʿalaikum	السَّلَامُ عَلَيْكُم.

ʾilā إِلَى

Die Präposition „nach, zu“ ʾilā إِلَى ist vor allem richtungsbezogen.

Wohin gehst du (m.)?	ʾilā ʾayna tadhhabu	إِلَى أَيْنَ تَذْهَبُ؟
Ich gehe zum Markt.	ʾadhhabu ʾilā s-sūqi	أَذْهَبُ إِلَى السُّوقِ.

13 Partikeln und Konjunktionen
حُرُوف العَطف

13.1 Nebenordnende Konjunktionen

Nebenordnende Konjunktionen verbinden gleichrangige Wörter, Wortgruppen, Satzteile oder Sätze.

und و

Die Konjunktion „und" wa- و wird mit dem folgenden Wort zusammengeschrieben. Bei Aufzählungen steht wa- و vor jedem einzelnen gezählten Element und kann nicht durch ein Komma ersetzt werden, wie das im Deutschen üblich ist.

Das Zimmer hat eine Dusche und eine Toilette und einen Kühlschrank.	al-ġurfatu mudjahhazatun bi-dūschin wa-mirḥāḍin wa-thallādja	الغُرْفَةُ مُجَهَّزَةٌ بِدُوشٍ وَمِرْحَاضٍ وَثَلَّاجَة.

Auch ganze Sätze werden in der arabischen Sprache häufiger als im Deutschen durch wa- و verbunden.

also فَ

„Also" fa- فَ wird ebenfalls mit dem folgenden Wort zusammengeschrieben. Mit fa- فَ werden häufig Sätze verbunden, die eine Folge ausdrücken:

Sie konnten kein Auto bekommen, deshalb sind sie mit dem Zug gefahren.	lam yadjidū sayyāratan fa-sāfarū bil-qiṭār	لَمْ يَجِدُوا سَيَّارَةً فَسَافَرُوا بِالقِطَار.

dann ثُمَّ

Mit „dann" thumma ثُمَّ wird eine zeitliche Abfolge ausgedrückt:

Wir sind nach Ägypten gereist, dann nach Syrien.	sāfarnā ʾilā miṣra thumma ʾilā sūriyā	سَافَرْنَا إِلَى مِصْرَ ثُمَّ إِلَى سُورِيَا.

oder أَمْ

„Oder" ʾam أَمْ steht bei Wahlmöglichkeiten:

Fährst du mit dem Zug oder mit dem Bus?	hal tusāfiru bi-l-qiṭāri am bi-l-bāṣ	هَل تُسَافِرُ بِالقِطَارِ أَمْ بِالبَاص؟

entweder ... oder إِمَّا ... وإِمَّا

Auch „entweder ... oder" ʾimmā ... ʾimmā إِمَّا ... وإِمَّا drückt Wahlmöglichkeiten aus:

Entweder fahren wir mit dem Zug oder mit dem Auto.	'immā 'an nusāfira bi-l-qiṭāri wa'immā bi-s-sayyārati.	إمَّا أنْ نُسَافِرَ بِالقِطَارِ وإمَا بالسَّيَارَةِ.

weder ... noch مَا ... وَلا

„Weder ... noch“ mā ... wa-lā مَا ... وَلا verneint zwei Möglichkeiten:

Weder hat er es selbst gelesen, noch hat er jemanden lesen lassen.	mā qara'a wa-lā taraka ġayrahu yaqra'	مَا قَرَأَ وَلا تَرَكَ غَيْرَهُ يَقْرَأ.

aber لَكِنَّ

Die Konjuntion „aber“ lākinna لَكِنَّ drückt einen Gegensatz aus. Ein auf die Konjunktion folgendes Subjekt steht im Akkusativ. Ein Personalpronomen dagegen wird direkt an die Konjunktion angefügt:

Maryam lebt in Deutschland, aber sie kommt aus Somalia.	maryamu taʿīschu fī 'almāniyā lākinnahā mina ṣ-ṣumāl	مَرْيَمُ تَعِيشُ فِي ألْمَانيَا لَكِنَّهَا مِنَ الصُّومَال.

Achten Sie auf die Schreibweise لَكِنَّ ohne ا, obwohl die Umschrift lākinna lautet.

Folgt kein Subjekt oder Personalpronomen, wird die Kurzform lākin لَكِنْ benutzt:

Er betrat das Zimmer, aber keiner war dort.	dachala l-ġurfata wa-lākin lam yakun hunāka 'aḥadun	دَخَلَ الغُرْفَةَ وَلَكِنْ لَمْ يَكُنْ هُنَاكَ أحَدٌ.

sondern بَل

Ein Gegensatz kann auch durch „sondern“ bal بَل ausgedrückt werden:

Ich meine nicht alle Studenten, sondern manche von ihnen.	lam 'aqṣud kulla ṭ-ṭālabati bal baʿḍahum	لَمْ أقْصُدْ كُلَّ الطَّلَبَةِ بَلْ بَعْضَهُمْ.

13.2 Unterordnende Konjunktionen

Unterordnende Konjunktionen leiten Nebensätze ein.

dass أَنَّ

Die Konjunktion „dass“ ʾanna أَنَّ leitet einen Nebensatz ein. Das auf diese Konjunktion folgende Subjekt steht immer im Akkusativ. Ein Personalpronomen dagegen wird direkt an die Konjunktion angefügt:

Ich glaube, dass der Zug verspätet ist.	ʾaẓunnu ʾanna l-qiṭāra mutaʾachchirun	أَظُنُّ أَنَّ القِطَارَ مُتَأَخِّرٌ.

Mit dass“ ʾanna أَنَّ werden Aussagen und Erfahrungen eingeleitet, das Prädikat steht im Indikativ. Dagegen drückt ʾan أَنْ mit Konjunktiv einen Wunsch oder eine Absicht aus.

Ich will, dass du zurückkommst.	ʾurīdu ʾan tardjiʿa	أُرِيدُ أَنْ تَرْجِعَ.

ʾanna أَنَّ kann auch mit Präpositionen verknüpft werden und erhält dann neue Bedeutungen: „weil“ li-ʾanna لِأَنَّ, „obwohl“ maʿa ʾanna مَعَ أَنَّ.

weil لِأَنَّ

Auch die kausale Konjunktion weil li-ʾanna لِأَنَّ kann direkt mit einem Personalpronomen verbunden werden:

Ich war nicht bei der Arbeit, weil ich krank war.	lam adhhab ʾilā l-ʿamali li-ʾannī kuntu marīḍan	لَمْ أَذْهَبْ إِلَى العَمَلِ لِأَنِّي كُنْتُ مَرِيضًا.

falls إِذَا

„Falls, wenn“ ʾidhā إِذَا wird konditional verwendet:

Falls ich einen Job finde, kaufe ich ein Auto.	ʾidhā wadjadtu ʿamalan fa-saʾaschtarī sayyāratan	إِذَا وَجَدْتُ عَمَلًا فَسَأَشْتَرِي سَيَّارَةً.

13.3 Sonstige Partikeln

wie مِثْلَ

„Wie“ mithla مِثْلَ ist Vergleichspartikel und wird wie eine Präposition mit dem Genitiv verbunden:

Ich habe einen Mantel wie den, den du hast.	ʿindī miʿṭafun mithla l-ladhī ʿindaka	عِنْدِي مِعْطَفٌ مِثْلَ الَّذِي عِنْدَكَ.

Ich will, dass du Arzt wirst wie dein Vater.	ˈurīdu ˈanˈuṣbiḥa ṭabiban mithla ˈabī	أُرِيدُ أَنْ أُصْبِحَ طَبِيباً مِثْلَ أَبِي.

außer إلا

Auf die Ausnahmepartikel „außer, ausgenommen" ˈillā إلا folgt der Akkusativ:

Ich arbeite jeden Tag außer am Freitag.	ˈa ʿmalu kulla yawmin ˈillā yawma l-djumʿa	أَعْمَلُ كُلَّ يَومٍ إِلَّا يَومَ الجُمْعَة.

(gewiss) إِنَّ

Die Partikel ˈinna إِنَّ leitet Hauptsätze ein oder direkte oder indirekte Rede. Sie verleiht einem Satz besonderen Nachdruck, wird aber normalerweise nicht übersetzt. Wenn die Funktion der Partikel auch im Deutschen hervorgehoben werden soll, kann „gewiss, wahrlich" verwendet werden.

Er war wirklich besorgt.	ˈinnahu kāna qaliqan	إِنَّهُ كَانَقَلِقًا.
Er sagte, er werde das nicht tun.	qāla ˈinnahu lam yafʿala dhālika	قَالَ إِنَّهُ لَنْ يَفْعَلَ ذَلِك.

14 Adverbien
الظُّرُوف

In der arabischen Sprache werden Adverbien in der Regel mit dem Akkusativ gebildet. Einige dieser adverbialen Akkusative haben sich verselbständigt und bilden eigene Wörter, zum Beispiel

sehr	djiddan	جِدًّا
niemals	ˈabadan	أَبَدًا

Die zusätzlichen Informationen, die Adverbien zu Verben, Adjektiven, anderen Adverbien oder ganzen Sätzen liefern, werden meist nach ihrem Inhalt unterschieden: Lokale Adverbien beziehen sich auf einen Ort, temporale Adverbien auf die Zeit, modale Adverbien auf die Art und Weise, Adverbien der Quantität auf eine Mengenangabe.

14.1 Lokale Adverbien

Einige lokale Adverbien werden wie ▶ Präpositionen (Kap. 12) mit dem Genitiv des nachfolgenden Substantivs oder Pronomens gebraucht.

unter	taḥta	تَحْتَ
über	fawqa	فَوْقَ
vor	ˈamāma	أَمَامَ
hinter	chalfa	خَلْفَ
hinter	warāˈa	وَرَاءَ
gegenüber	muqābila	مُقَابِلَ
zwischen	bayna	بَيْنَ

Beispiele:

unter dem Fenster	taḥta n-nāfidhati	تَحْتَ النَّافِذَةِ
vor dem Haus	ˈamāma l-bayti	أَمَامَ البَيْتِ

Zwei Präpositionen dürfen nicht hintereinander stehen. Anders verhält es sich mit diesen lokalen Adverbien: Nach einer Präposition verlieren sie ihre adverbiale Endung und müssen im Genitiv stehen:

Sie kam (von) hinter dem Vorhang hervor.	charadjat min chalfi s-sitār	خَرَجَتْ مِنْ خَلْفِ السِّتَارَةِ.

Lokale Adverbien im indeterminierten Akkusativ geben eine Richtung an:

nach rechts	yamīnan	يَمِينًا
nach links	yasāran	يَسَارًا

14.2 Temporale Adverbien

Mit dem bestimmten adverbialen Akkusativ wird ein bestimmter Zeitpunkt angegeben:

heute	'al-yawma	اليَوْمَ
jetzt	'al-'āna	الآنَ

Eebenfalls temporales Adverb ist:

gestern	'amsi	أمْسِ

Mit dem unbestimmten adverbialen Akkusativ wird eine Zeitdauer oder eine unbestimmte Zeit ausgedrückt:

am Morgen	ṣabāḥan	صَبَاحًا
morgen	ġadan	غَدًا
nie	'abadan	أبَدًا
schließlich	'achīran	أخِيرًا
manchmal	'aḥyānan	أحْيَانًا
immer	dā'iman	دَائِمًا

Wie Präpositionen gebraucht werden

vor (zeitl.)	qabla	قَبْلَ
nach (zeitl.)	ba‘da	بَعْدَ

Das von ihnen abhängige Bezugswort muss im Genitiv stehen.

14.3 Modale Adverbien

Unveränderlich sind die modalen Adverbien

so	hākadhā	هَكَذَا
auch	kadhālika	كَذَلِكَ

Weitere häufig vorkommende modale Adverbien im indeterminierten Akkusativ:

auch	'ayḍan	أيْضًا
gut	ṭayyiban	طَيِّبًا
gut	djayyidan	جَيِّدًا
schnell	sarī‘an	سَرِيعًا
langsam	baṭī'an	بَطِيئًا

Das Adverb „schnell“ kann auch ausgedrückt werden durch

(wörtl. mit Geschwindigkeit)	bi-surᶜatin	بِسُرْعَةٍ
Der Zug war schnell.	kāna l-qiṭāru sarīᶜan	كَانَ الْقِطَارُ سَرِيعًا.
Wir sind schnell gekommen.	dji'na bi-surᶜa	جِئْنَا بِسُرْعَة.

Adverbien der Quantität

Einige Adverbien beziehen sich auf Mengenangaben:

viel, sehr	kathīran	كَثِيرًا
wenig	qalīlan	قَلِيلًا
ganz	tamāman	تَمَامًا
ganz	'adjmaᶜa	أَجْمَعَ
gar nicht	batātan	بَتَاتًا
nur	faqaṭ	فَقَطْ

Das Essen war wenig.	kāna ṭ-ṭaᶜāmu qalīlan	كَانَ الطَّعَامُ قَلِيلًا.
Ich mag das gar nicht.	lā 'uḥibbu hādha batātan	لَا أُحِبُّ هَذَا بَتَاتًا.

15 Partizipien

In der arabischen Sprache gibt es zwei Partizipien: das Partizip Aktiv, das dem Partizip Präsens im Deutschen entspricht, und das Partizip Passiv, das dem Partizip Perfekt im Deutschen entspricht.

Viele Wörter, die ihrer Form nach Partizipien sind, haben sich von ihrer Grundbedeutung gelöst und sind zu eigenständigen Adjektiven oder Substantiven geworden, zum Beispiel:

Grundform			Partizip Aktiv		
fordern	ṭalaba	طَلَبَ	Student	ṭālibun	طَالِبٌ
			Partizip Passiv		
finden	wadjada	وَجَدَ	vorhanden	mawdjūdun	مَوْجُودٌ

15.1 Partizip Aktiv

Das Partizip Aktiv wird im Grundstamm nach dem Muster fāʿilun فَاعِلٌ gebildet, unabhängig davon, ob das Präsens mit u, i oder a nach dem 2. Wurzelkonsonanten gebildet wird:

lernen	darasa / yadrusu	دَرَسَ/يَدْرُسُ	lernend	dārisun	فَاعِلٌ
sitzen	djalasa / yadjlisu	جَلَسَ/يَجْلِسُ	sitzend	djālisun	جَالِسٌ
trinken	schariba / yaschribu	شَرِبَ/يَشْرِبُ	trinkend	schāribun	شَارِبٌ

Die folgende Tabelle zeigt die Wortbildungsmuster für alle zehn Verbstämme:

Partizip Aktiv

Stamm		
1	fāʿilun	فَاعِلٌ
2	mufaʿʿilun	مُفَعِّلٌ
3	mufāʿilun	مُفَاعِلٌ
4	mufʿilun	مُفْعِلٌ
5	mutafaʿʿilun	مُتَفَعِّلٌ
6	mutafāʿilun	مُتَفَاعِلٌ
7	munfaʿilun	مُنْفَعِلٌ

8	muftaʿilun	مُفْتَعِلٌ
9	mufʿallun	مُفْعَلٌّ
10	mustafʿilun	مُسْتَفْعِلٌ

Beispiele:

2. Stamm

Trainer mudarribun مُدَرِّبٌ

10. Stamm

Benutzer mustachdimun مُسْتَخْدِمٌ

15.2 Partizip Passiv

Das Partizip Passiv wird im Grundstamm nach dem Muster mafʿūlun مَفْعُولٌ gebildet, unabhängig von der Vokalfolge im Perfekt:

öffnen	fataḥa	فَتَحَ	geöffnet	maftūḥun	مَفْتُوحٌ
schreiben	kataba	كَتَبَ	geschrieben	maktūbun	مَكْتُوبٌ
finden	wadjada	وَجَدَ	gefunden	mawdjūdun	مَوْجُودٌ

Die folgende Tabelle zeigt die Wortbildungsmuster für alle zehn Verbstämme:

Partizip Passiv

Stamm		
1	mafʿūlun	مَفْعُولٌ
2	mufaʿʿalun	مُفَعَّلٌ
3	mufāʿalun	مُفَاعَلٌ
4	mufʿalun	مُفْعَلٌ
5	mutafaʿʿalun	مُتَفَعَّلٌ
6	mutafāʿalun	مُتَفَاعَلٌ
7	munfaʿalun	مُنْفَعَلٌ
8	muftaʿalun	مُفْتَعَلٌ
9	–	–
10	mustafʿalun	مُسْتَفْعَلٌ

Beispiele:

4. Stamm

möglich	mumkinun	مُمْكِنٌ

2.Stamm

entschieden	muqarrarun	مُقَرَّرٌ

15.3 Besonderheiten

Partizipien werden in der Regel wie ▶ Adjektive (Kap. 4) gebraucht. Die weibliche Form wird mithilfe von tāʾ marbūṭa ة gebildet. Bei Personen wird in der Regel der gesunde Plural gebildet.
Nur im Grundstamm gibt es auch gebrochene Pluralformen. Sie kommen vor allem dann vor, wenn ein Partizip zu einem Substantiv geworden ist. Beispiele:

Singular			Plural	
Verkäufer	bāʾiʿun	بَائِعٌ	bāʿatun	بَاعَةٌ
Herrscher	ḥākimun	حَاكِمٌ	ḥukkāmun	حُكَّامٌ

! Anders als beim Partizip Perfekt im Deutschen kann im Arabischen das Partizip Passiv auch von Verben gebildet werden, die nicht mit einem direkten Objekt, sondern mit einem Präpositionalausdrcuk verbunden sind. Die Präposition entfällt nicht, sondern folgt mit suffigiertem Personalpronomen auf das Partizip:

wir vereinbaren es	nattafiqu ʿalayhi	نَتَّفِقُ عَلَيْهِ
vereinbart	muttafaqun ʿalayhi	مُتَّفَقٌ عَلَيْهِ

16 Zahlen und Zahlwörter
الأَرْقَام

16.1 Kardinalzahlen

In der folgenden Tabelle sind die männlichen und weiblichen Formen der Grundzahlen von 1 bis 10 aufgeführt.

Kardinalzahlen von 1 bis 10

		mask.		fem.	
1	١	wāḥidun	وَاحِدٌ	wāḥidatun	وَاحِدَةٌ
2	٢	'ithnāni	اِثْنَانِ	'ithnatāni	اِثْنَتَانِ
3	٣	thalāthun	ثَلَاثٌ	thalāthatun	ثَلَاثَةٌ
4	٤	'arbaʿun	أَرْبَعٌ	'arbaʿatun	أَرْبَعَةٌ
5	٥	chamsun	خَمْسٌ	chamsatun	خَمْسَةٌ
6	٦	sittun	سِتٌّ	sittatun	سِتَّةٌ
7	٧	sabʿun	سَبْعٌ	sabʿatun	سَبْعَةٌ
8	٨	thamānin	ثَمَانٍ	thamāniyatun	ثَمَانِيَةٌ
9	٩	tisʿun	تِسْعٌ	tisaʿatun	تِسْعَةٌ
10	١٠	ʿaschrun	عَشْرٌ	ʿascharatun	عَشَرَةٌ

Bei der Verwendung der Zahlen müssen einige Besonderheiten beachtete werden.

Die Zahl „eins“ verhält sich wie ein Adjektiv und wird an Genus und Kasus des gezählten Substantivs angepasst.
Die Zahl „zwei“ wird an den Kasus des gezählten Substantivs angepasst und folgt dabei den Deklinationsregeln des ▶ Dual (Kap. 3.2).
Die Zahlen „drei“ bis „zehn“ weisen eine Besonderheit auf: Ist das gezählte Substantiv maskulin, so steht die Zahl im Femininum. Ist das gezählte Substantiv dagegen feminin, so steht die Zahl im Maskulinum Das gezählte Substantiv folgt im Genitiv Plural:

vier Lehrer	'arbaʿatu muʿallimīna	أَرْبَعَةُ مُعَلِّمِينَ
fünf Lehrerinnen	chamsu muʿallimātin	خَمْسُ مُعَلِّمَاتٍ

Beim Zählen der Zahlen 3 bis 10 werden die Formen mit der Femininendung verwendet. Geschrieben werden die Ziffern häufig in der uns bekannten Form.

Kardinalzahlen von 11 bis 19

		mask.		fem.	
11	١١	ʾaḥada-ʿaschara	احد عَشَرَ	ʾiḥdā-ʿaschrata	إِحْدَى عَشْرَةَ
12	١٢	ʾithnā-ʿaschara	اِثْنَا عَشَرَ	ʾithnatā-ʿaschrata	إِثْنَتَا عَشْرَةَ
13	١٣	thalātha-ʿaschrata	ثَلَاث عَشْرَةَ	thalāthata-ʿaschara	ثَلَاثَةَ عَشَرَ
14	١٤	ʾarbaʿa-ʿaschrata	أَرْبَعَ عَشْرَةَ	ʾarbaʿata-ʿaschara	أَرْبَعَةَ عَشَرَ
15	١٥	chamsa-ʿaschrata	خَمْسَ عَشْرَةَ	chamsata-ʿaschara	خَمْسَةَ عَشَرَ
16	١٦	sitta-ʿaschrata	سِتَّ عَشْرَةَ	sittata-ʿaschara	سِتَّةَ عَشَرَ
17	١٧	sabʿa-ʿaschrata	سَبْعَ عَشْرَةَ	sabʿata-ʿaschara	سَبْعَةَ عَشَرَ
18	١٨	thamāniya-ʿaschrata	ثَمَانِيَ عَشْرَةَ	thamāniyata-ʿaschara	ثَمَانِيَةَ عَشَرَ
19	١٩	tisʿa-ʿaschrata	تِسْعَ عَشْرَةَ	tisʿata-ʿaschara	تِسْعَةَ عَشَرَ

Die Zahlwörter von 11 und 13 bis 19 sind indeklinabel, sie werden nicht dem Kasus angepasst. Das Gezählte folgt im Akkusativ Singular.

! Die Zahl „zwölf" wird an den Kasus des gezählten Substantivs angepasst. Genitiv und Akkusativ lauten in der maskulinen Form ʾithnay ʿaschara اِثْنَي عَشَرَ, in der femininen Form ʾithnatay ʿaschrata اِثْنَتَي عَشْرَةَ.

Kardinalzahlen ab 20

20	٢٠	ʿischrūna	عِشْرُون
30	٣٠	thalāthūna	ثَلَاثُون
40	٤٠	ʾarbaʿūna	أَرْبَعُون
50	٥٠	chamsūna	خَمْسُون
60	٦٠	sittūna	سِتُّون
70	٧٠	sabʿūna	سَبْعُون
80	٨٠	thamānūna	ثَمَانُون

90	٩٠	tisʿūna	تِسْعُونَ
100	١٠٠	mi'atun	مِئَةٌ
200	٢٠٠	mi'atāni	مِئَتَانِ
300	٣٠٠	thalāthumi'atin	ثَلَاثُمِئَةٍ
1 000	١٠٠٠	'alfun	أَلْفٌ
		(Pl.) 'ulūfun	أُلُوفٌ
1 000 000	١٠٠٠٠٠٠	malyūnun	مَلْيُونٌ

20 bis 90 werden aus dem Stamm der Einerzahlen gebildet, verbunden mit der Endung des gesunden männlichen Plurals. Diese Zahlen sind unveränderlich in Bezug auf das Genus, werden aber im Kasus angepasst ▶ gemäß den Regeln des gesunden Plurals (Kap. 3.2). Das Gezählte folgt im Akkusativ Singular, Zehner und Einer werden wie im Deutschen durch „und" wa- و verbunden, die Einerzahl wird zuerst genannt. Das Gezählte folgt im Akkusativ Singular:

Wie alt bist du (m.)? kam ʿumruka كَمْ عُمْرُكَ؟

Ich bin 24 Jahre alt. ʿumrī 'arbaʿun wa ʿischrūna sanatin عُمْرِي ٢٤ سَنَةً.

Die Zahl 100 steht immer im Femininum und ist unveränderlich in Bezug auf den Kasus. Das Gezählte folgt im Genitiv Singular. Die Zahl 200 ist die Dualform von 100 und wird entsprechend den ▶ Regeln des Duals (Kap. 3.2) dekliniert. Die Zahlen 100 und 200 gehen mit dem Substantiv eine ▶ Genitivverbindung (Kap. 3.4) ein, das Substantiv steht also immer im Genitiv Singular.

Die Hunderter über 200 werden aus dem entsprechender Einer im Maskulinum und der Zahl einhundert gebildet. Hundert steht hierbei im Genitiv Singular. Auch das gezählte Substantiv steht im Genitiv Singular.

Die korrekten Grammatikregeln für Zahlwörter sind im Hocharabischen so komplex, dass in der gesprochenen Sprache meist vereinfachte Dialektformen verwendet werden.

16.2 Ordinalzahlen

Ordinalzahlen werden aus dem Stamm der Kardinalzahlen gebildet. Anders als die Kardinalzahlen stehen sie grundsätzlich nach dem Gezählten.

Die Ordinalzahlen von 2. bis 10. werden nach dem Muster fāʿilun فَاعِلٌ für die männliche Form und fāʿilatun فَاعِلَةٌ für die weibliche Form gebildet.

1. bis 10. werden wie ▶ Adjektive (Kap. 4) benutzt.

Ordinalzahlen von 1. bis 10.

1.	'awwalu	أَوَّلُ
2.	thānin	ثَانٍ
3.	thālithun	ثَالِثٌ
4.	rābiʿun	رَابِعٌ
5.	chāmisun	خَامِسٌ
6.	sādisun	سَادِسٌ
7.	sābiʿun	سَابِعٌ
8.	thāminun	ثَامِنٌ
9.	tāsiʿun	تَاسِعٌ
10.	ʿāschirun	عَاشِرٌ

16.3 Uhrzeit

Uhrzeiten werden in der Hochsprache mit Ordinalzahlen angegeben.

Wie viel Uhr ist es?	kami s-sāʿatu	كَم السَّاعَةُ؟
drei Uhr	as-sāʿatu th-thālithatu	السَّاعَةُ الثَّالِثَةُ
sechs Uhr	as-sāʿatu s-sādisatu	السَّاعَةُ السَّادِسَةُ

Bei „ein Uhr" wird die Kardinalzahl verwendet:

ein Uhr	as-sāʿatu l-wāḥidatu	السَّاعَةُ الوَاحِدَةُ

Umgangssprachlich wird die Uhrzeit mit den Kardinalzahlen ausgedrückt:

drei Uhr	as-sāʿatu thalāthun	السَّاعَةُ ثَلَاثٌ
Viertel vor vier	'arbaʿun illā rubʿan	أَرْبَعٌ إِلَّا رُبْعًا
halb vier	thalāthun wa-niṣfun	ثَلَاثٌ وَنِصْفٌ

Die Stunden werden nur bis 12 gezählt. Zur Unterscheidung werden der Uhrzeiten die Tageszeiten „morgens" ṣabāḥan صَبَاحًا oder „abends" masā'an مَسَاءً hinzugefügt.

16.4 Datum

Die Aufzählung der Wochentage beginnt im Arabischen mit dem Sonntag.

Wochentage

Sonntag	yawmu l-'aḥadi	يَوْمُ الأَحَدِ
Montag	yawmu l-'ithnayni	يَوْمُ الإِثْنَيْنِ
Dienstag	yawmu th-thalathā'ī	يَوْمُ الثَّلاثَاءِ
Mittwoch	yawmu l-'arbaʿā'ī	يَوْمُ الأَرْبِعَاءِ
Donnerstag	yawmu l-chamīsi	يَوْمُ الخَمِيسِ
Freitag	yawmu l-djumʿati	يَوْمُ الجُمْعَةِ
Samstag	yawmu s-sabti	يَوْمُ السَّبْتِ

Für die Monate gibt es zwei verschiedene Bezeichnungen der bei uns gebräuchlichen Zeitrechnung. In Nordafrika und Ägypten sind die Bezeichnungen in der mittleren Spalte üblich, in den anderen arabischen Ländern die in der rechten Spalte angegebenen.

Monate

Januar	yanāyir	يَنَايِر	kanūnu th-thānī	كَانُوْنُ الثَّانِي
Februar	fabrāyir	فَبْرَايِر	schubāṭu	شُبَاطُ
März	māris	مَارِس	'ādhāru	آذَارُ
April	'abrīl	أَبْرِيْل	nīsānu	نِيْسَانُ
Mai	māyū	مَايُو	'ayyāru	أَيَّارُ
Juni	yūnyū	يُوْنْيُو	ḥuzayrānu	حُزَيْرَانُ
Juli	yūlyū	يُوْلْيُو	tammūzu	تَمُّوزُ
August	'aġusṭus	أَغُسْطُس	'ābū	آبُ
September	sibtambar	سِبْتَمْبَر	'aylūlu	أَيْلُوْلُ
Oktober	'uktūbar	أُكْتُوْبَر	tischrīnu l-'awwalu	تِشْرِيْنُ الأَوَّلُ
November	nūfimbar	نُوْفِمْبَر	tischrīnu th-thānī	تِشْرِيْنُ الثانِي
Dezember	dīsimbar	دِيسِمْبَر	kānūnu l-'awwalu	كَانُوْنُ الأَوَّلُ

Bei zusammengesetzten Zahlen gehen die Tausender den Hundertern voraus, die Hunderter stehen vor Einern und Zehnern. Die Zahlen werden durch wa- و verbunden:

Ich bin am 8. Mai 1975 geboren.	wulidtu fi th-thāmini min 'ayyāra sanata 'alfin wa-tis'i mi'atin wa-chamsatin wa-sab'īna	وُلِدْتُ فِي الثَّامِنِ مِن أَيَّارَ سَنَةَ أَلْفٍ وَتِسْعِمِاءَةٍ وَخَمْسَةٍ سَبْعِينَ.

Stichwortregister

Notizen